户外露营技巧大全

从装备、美食到摄影出大片

风轻◎编著

化学工业出版社

·北京·

内容简介

这是一本温馨且全面的户外露营技巧书。户外露营需要准备哪些东西？如何选择露营场地？露营时能跟家人朋友一起玩哪些游戏？露营时能做哪些美食？如何拍照、拍视频、航拍，完整记录快乐的露营时光？

本书从装备、美食到摄影出大片，通过80多个露营实用技巧进行介绍，具体包括：5种超好玩的户外露营模式、7种防水与防晒的露营帐篷、5种既方便又舒适的桌椅、5种体验感飞速上升的炊具餐具、6种过夜休息少不了的睡眠装备、4种将露营氛围拉满的灯源装备、6类露营必备的日常用品、12个将露营玩到极致的技巧、6类唯美食不可辜负的露营食谱、8种适合户外露营的娱乐活动、6个超好看的露营必备拍照攻略、8个记录专属Vlog的拍视频技巧、6个感受更美风景的航拍技巧。

本书结构清晰，内容丰富，特别适合想学习露营技巧的朋友，特别是想要露营生活变得更加丰富，想把照片与视频拍得更美的户外爱好者。

图书在版编目（CIP）数据

户外露营技巧大全：从装备、美食到摄影出大片 / 风轻编著. —北京：化学工业出版社，2024.2

ISBN 978-7-122-45043-2

Ⅰ. ①户… Ⅱ. ①风… Ⅲ. ①野营(军事体育)—基本知识 Ⅳ. ①G873

中国国家版本馆CIP数据核字（2024）第023810号

责任编辑：王婷婷　李　辰　　封面设计：异一设计
责任校对：杜杏然　　装帧设计：盟诺文化

出版发行：化学工业出版社（北京市东城区青年湖南街13号　邮政编码100011）
印　　装：天津裕同印刷有限公司
710mm × 1000mm　1/16　印张$15^1/_2$　字数302千字　2024年6月北京第1版第1次印刷

购书咨询：010-64518888　　售后服务：010-64518899
网　　址：http://www.cip.com.cn
凡购买本书，如有缺损质量问题，本社销售中心负责调换。

定　　价：98.00元

前言

艾媒咨询发布的《2022—2025年中国露营经济发展前景与商业布局分析报告》显示，中国露营市场规模正呈现逐年上升的趋势，2021年露营经济核心市场规模为747.5亿元，同比增长62.5%，预计到2025年露营经济核心市场规模将达2483.2亿元，露营产业将稳步上升。

“露营热”的持续攀升，让越来越多的人加入到露营活动中来，且随着经济技术的发展，装备也越来越齐全，这些都方便了露营活动的进行，露营市场将进一步扩大，消费者对于露营的积极性也将持续提高，露营及其相关产业有着极大的上升和发展空间。

市面上关于露营的书籍很多，但大多都是从某一方面来讲露营的，如美食、游戏、风景等，全面、系统地讲解露营的书却很少，本书将从露营模式、露营帐篷、置物桌椅、炊具餐具、睡眠装备、灯源装备、日常用品、露营技巧、露营食谱、娱乐活动、拍照攻略、拍视频技巧、航拍技巧13个方面为读者全面地讲解户外露营的相关内容与技巧，帮助读者一本书精通露营全流程。本书具体内容如下：

在第1～7章中，主要介绍了露营模式和露营需要用到的装备，如露营帐篷、置物桌椅、炊具餐具、睡眠装备、灯源装备和日常用品等内容，希望能帮助读者了解并认识这些装备，选购出自己喜欢、适合自身情况的露营模式与装备。

第8章主要介绍了12个露营技巧，如怎样选择安全的露营地、营地夜间安全如何防范等，希望能帮助读者平安、顺利地度过自己的露营旅程。

第9章主要介绍了6类露营食谱，如速热食品、压缩饼干、三明治等，希望能帮助读者选择出最适合自身的露营美食，享受露营旅程。

第10章主要介绍了8种娱乐活动，如赏花拍照、看电影、放风筝、阅读活动、手机桌游、纸牌游戏等，希望能给读者提供一定的参考意见，选择自己想要在露营中做的活动。

在第11～13章中，主要介绍了露营拍照、拍视频和航拍的相关技巧，希望能帮助读者掌握一定的拍摄技巧，拍出露营时的美景。

本书的核心价值就是让读者掌握户外露营的相关技巧，帮助读者快速学到露营知识，从露营小白成长为露营高手！

本书由风轻编著，参与编写的人员有刘芳芳等人，在此感谢邓陆英、王甜康、徐必文、黄建波、罗健飞等人在本书编写时提供的照片、视频素材。由于作者知识水平有限，书中难免有疏漏之处，恳请广大读者批评、指正，沟通和交流请联系微信：2633228153。

编著者

目录

第 5 章 6 种睡眠装备，过夜休息少不了

第 6 章 4 种灯源装备，将露营氛围拉满

第 7 章 6 类日常用品，露营必备物品清单

第 8 章 12 个露营技巧，把露营玩到极致

第 12 章 8 个拍视频技巧，记录专属 Vlog

第 13 章 6 个航拍技巧，感受更美的风景

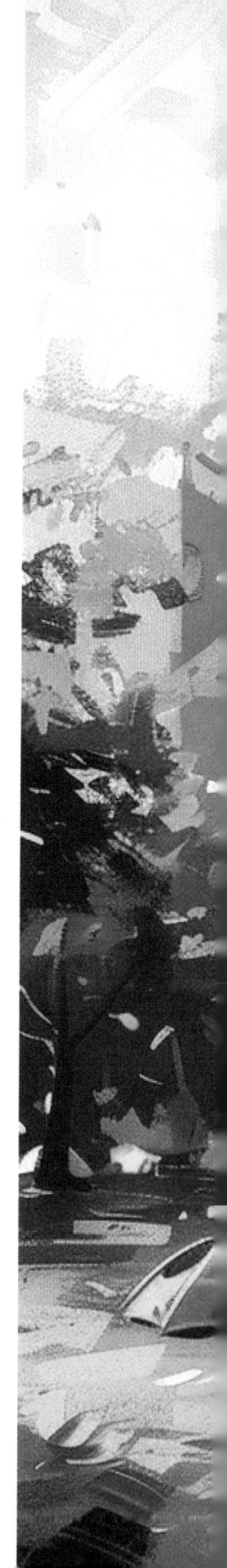

第1章

5种户外露营模式，超好玩

户外露营的热度正在逐步攀升，露营游更成为休闲度假的热门之选，但是露营模式如此之多，应该如何选择呢？

本章就来为大家介绍 5 种户外露营模式，包括自驾露营、徒步露营、公园露营、家庭露营和团体露营，帮助大家更快地找到符合自身需求的露营模式。

1.1 自驾露营

自驾露营主要是指自己开车去想要去的地方露营，是最为轻松、自在的露营模式之一。自驾露营的距离有长有短，但大多数还是有一定距离的，且其最大的特点就是地点不受限制。本节就来为大家介绍自驾露营的相关内容。

1. 自驾露营的特点

自驾露营有3个特点，具体内容如图1-1所示。

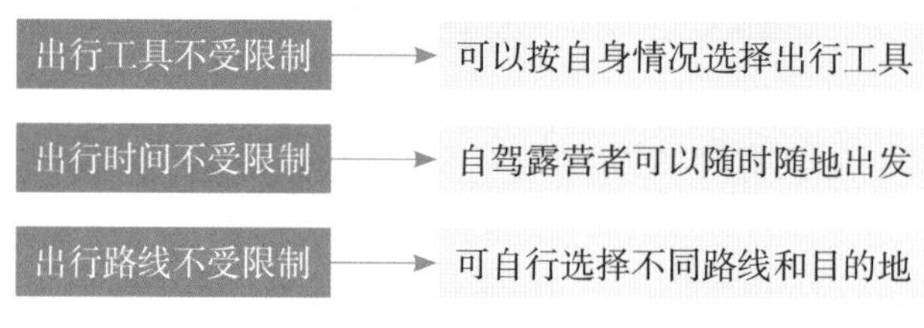

图 1-1　自驾露营的 3 个特点

2. 房车出行的注意事项

在出发露营前，露营者需要选择好自驾露营的出行工具，也就是车。大部分的自驾露营者都是开自己家里的车，这不失为一种好的选择，但是这种方法也有一定的局限性，因为如果是去山地附近这种车况环境比较恶劣的地方，家常使用的汽车就不怎么适用了，越野车会更为合适。

而如果是长时间在平地上行驶的话，自驾露营者就需要去寻找新的出行工具，大部分的露营者会选择去租借露营使用的车，这种方式非常方便，而且越来越受欢迎。其中，大部分的露营者都会选择一种车型——房车。

房车是一种可以移动的，同时又具备基础家居设施的车种，兼具“房”和“车”两大功能，又集“衣、食、住、行”四大功能于一身。房车出行极为方便，但是在自驾露营时，也有一些注意事项，下面将详细介绍。

（1）出发前检查房车

在自驾露营前，如果确定使用房车出行，就需要对房车的情况有一个基本的了解，更需要仔细检查房车，以防在路上发生一些意外情况。

❶ 检查基础设施：在露营开始前，或者使用房车之前，我们应该仔细检查房车的各个部位，包括零部件、发动机、排水系统、车轮车胎等，如果对一些专业的设备不了解的话，也可以请专业人士看一下。

❷ 检查排水情况：检查完基础设施后，露营者还需要去检查一下房车的内部。检查不同的区域，特别是卫生间的情况，查看出水和排水情况是否异常。

❸ 检查睡觉区域：自驾露营者需要检查睡觉的区域，看面积大小是否能够容纳露营人数等，这些都是在进行房车露营前应该做好的准备工作。

（2）了解露营目的地

在自驾露营前，需要提前了解露营的目的地，因为如果是开房车过去的话，需要将其停靠在规定的位置。

（3）平衡好房车重量

房车虽说是一个生活的地方，但是它归根结底还是“车”，所以在道路上行驶时，要时刻遵守交通法规。特别是在出发之前，要检查房车里面的东西是否都固定好了，并且左右两边东西的重量要差不多，否则在行驶过程中碰到突然刹车的情况，可能会发生危险。所以，在出发前一定要平衡好车身。

（4）携带多功能充电器

房车上面的充电口不多，如果是多人露营的话，准备一个多功能充电器，可以解决充电问题。

3. 自驾露营的地点选择

自驾露营前，选择好目的地是非常重要的，因为这样可以让露营者预测到达时间、行进路线，以及查看路况等，而这些也正是露营时需要重点关注的内容。自驾露营的地点选择有两个技巧，具体如下：

❶ 靠近露营地：当发生意外时，靠近露营地可以尽快向他人寻求帮助。

❷ 安全的地点：需要邻近水源，远离山崖、河岸，且尽量不在高地上。

4. 自驾露营的游玩技巧

相信出去露营过的朋友应该知道，无论是跟团还是自驾，在行程结束后或者还在行程中就已经疲惫不堪了。要想自驾露营不累，可以通过一些技巧来实现。下面，就来为大家详细介绍。

（1）做好攻略

自驾露营最重要的就是在出发前做好攻略，具体内容包括：去哪个地方、走哪条路、距离多远、要花费多长时间、游玩的景点及天气条件等，以及下一站的攻略，这些都可以提前做好攻略，充分利用好时间，减少麻烦，不仅省心还省力。

（2）列好清单

在开始自驾露营前，可以将这次旅程中可能会用到的物品都列一个清单，相关注意事项如下。

❶ 提前列好：因为不提前列好，可能到时来不及准备物品。

❷ 打印保存：列好的清单最好打印出来或者存在备忘录里面，以防忘记。

❸ 查漏补缺：在出发前，对照清单检查各个物件，看有无缺失，及时补上。

（3）享受过程

在驾驶途中最好不要让同一个人长时间开车，可以互相换主驾驶位，也可以利用在车上的时间去休息，补充体力。除此之外，最重要的就是，在驾驶途中不要只顾着休息，也可以看看周围的风景，像一些标志性的地标建筑等，拍个照片记录下来也很有意义，如图1-2所示。

图 1-2　沿途的风景

自驾游的意义不在于最终的目的地，而在于旅途中的所思、所感、所想，精神得到了满足，身体便没有那么累了。

（4）准备零食

自驾游的途中，特别是主驾驶容易犯困，所以可以提前准备好一些零食，如鸭脖、口香糖等，来驱赶一下睡意。

（5）随心而动

自驾游最特别的就是可以自己控制时间，所以不需要把所有的时间都安排得太紧，留一些享受的时间给自己，而不是为了赶进度而去赶进度。

5. 自驾露营的注意事项

自驾露营的过程中还有一些注意事项，下面将详细介绍。

（1）掌握驾驶技巧

自驾露营少不了开车，所以掌握一些驾驶技巧非常有必要。而且，这不仅仅只有驾驶人员需要关注，随行人员也需要掌握，具体内容如下。

❶ 打开导航：去不熟悉的地方，最应该做的就是打开导航，这样不仅可以选择最省时间的路线，也可以选择最方便的路线。导航除了告诉驾驶人应该怎么行驶，还会让他注意车速及左右汇入的车辆，能保证行驶安全。

❷ 了解地形：出发之前，了解途中可能会碰到的地形，除了国道和省道这种容易行驶的道路，更应该了解从高速下去之后，到目的地这中间会碰到的地形。如果要上山的话，更要提前知晓，避免到时恐慌，山上的路为了降低山路的坡度，都修建得弯弯曲曲的，在转弯的时候要注意前方来车，提前鸣喇叭，放缓车速。

❸ 了解天气：驾驶途中，天气也是非常重要的影响因素，所以在自驾游时，提前查看驾驶途中及目的地的天气状况非常有必要。例如，用户准备开车去山区露营，如果下大雨或者大雪封山，这时候就不建议去了，因为危险系数很高，无法预测那里的具体情况，所以在行程开始之前就应该了解当地的天气情况。

❹ 放缓速度：如果没有提前做功课的话，在驾驶途中最谨慎的做法就是减缓行驶速度，给车和自己一个充分的反应时间，一旦遇到突发情况，可以避免危险。特别是在雪天行驶，更需要放缓速度，而且跟车的间隔也要拉大，因为雨雪天气低温、路滑，刹车很可能会失灵。

（2）准备户外求生用品

外出旅行时，为了防止意外情况的发生，需要准备一些能够用于户外求生的产品，这样就能够有两手准备。

❶ 指南针：如果手机没电了，可以通过它来分辨方向。

❷ 充电宝：维持手机的电量，让你安心地度过晚上的时光。

❸ 食品及住宿用品：可以携带轻便一点的帐篷、速食饼干、矿泉水等。

❹ 手电筒：小巧、轻便，能让你无阻地在晚上进行活动。

（3）应用各类地图和导航工具

在网络飞速发展的今天，手机成为人们必不可少的出行物品之一，无论是付款、搜索、娱乐等，这些都能在手机上进行，所以在自驾露营途中，可以提前下载好一些地图和导航工具，选择更合适的自驾游路程，计划好时间，详细内容如下。

❶ 下载软件：可以多下载几个导航软件，以防在自驾游途中有一些软件正处于系统更新的时间段，无法使用，多下载几个软件不仅能让自己安心一点，而且也会更加保险。

❷ 离线导航：有一些比较偏远的地区，网络信号不是特别好，可能刚进入那个区域，手机就没有信号，不能联网了。所以，为了预防这种情况，在出行之前可以设置一个离线导航，在出发前有网络的地方，提前将途中要经过的城市地图下载好。

1.2 徒步露营

徒步露营主要是指露营者采用徒步的方式去露营，这种露营模式极具挑战，因为很耗体力。本节就来为大家介绍徒步露营的相关内容。

1. 徒步露营的特点

徒步露营跟自驾露营有明显的区别，其主要特点如图1-3所示。

出行方式比较固定 → 露营者主要通过步行方式前进

随时观看周边美景 → 露营者能够置身于周边的美景中

身体素质要求较高 → 徒步露营非常耗费露营者的体力

图 1-3　徒步露营的主要特点

★ 温 馨 提 示 ★

选择一个好的天气去徒步露营，在散心、锻炼身体的同时，还可以观看周围的美景。

比如，在高山上进行徒步时，露营者爬了很久的山，身体非常疲累，这时突然往山下看一眼，就会发现景色如此美好，如图 1-4 所示，疲惫感也会减轻。

图 1-4　徒步露营时发现的美景

2. 徒步露营的地点选择

因为徒步露营的出行方式受限，所以在选择地点时有一些技巧，具体内容如图1-5所示。

道路	露营者尽量选择较为平坦的道路行进
天气	露营者尽量选择在天气好的时候出行
环境	露营者尽量选择周边有人生活的地方

图 1-5　选择徒步露营地点的技巧

3. 徒步露营的注意事项

徒步露营对于露营者的身体素质要求很高，有一些露营者喜欢去那些环境比较恶劣的地方，如高山、森林等危险之处，尤其是人迹罕至的地方，或者远离人群的地方。但是，不管怎么样，还是要以安全为第一要素。而且，徒步露营还需要注意以下事项。

❶ 食物充足：一定要携带好充足的食物，特别是去远离人群的地方徒步。因为人少的地方一般网络条件不怎么好，难以求救，而且一旦发生意外，原路返回也有一定的难度，如果没有充足的食物补充体力，就十分危险。

❷ 结伴徒步：尽量不要自己一个人去徒步露营，因为如果发生危险，还有人可以去求救，而且多一个人也会有个照应，如图1-6所示。

图 1-6　结伴徒步

❸ 轻便出行：露营者尽量携带一些较为轻便的行李，可以舍弃的大件物品就直接舍弃，因为包裹越重，徒步需要花费的时间就越多，耗费的精力也就越大。

1.3　公园露营

公园露营是指去公园进行露营，一般是到离自己家比较近的公园，而且不需要过夜。这种户外露营模式是露营新手和小白刚入门时的最好选择，可以为之后的中、长期露营打下认知基础，体验到露营的乐趣。

那么，进行公园露营有什么技巧和需要注意的事项呢？本节就来为大家介绍公园露营的相关内容。

1. 公园露营的特点

公园露营越来越常见，因为一些露营小白不敢直接去远的地方露营，所以就通过公园露营来体验。那么，为什么公园露营如此受露营小白们的喜爱呢？

下面就来为大家介绍公园露营的主要特点，具体内容如图1-7所示。

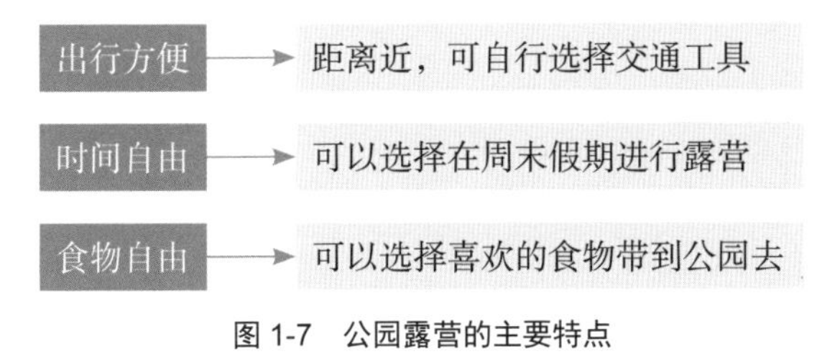

图 1-7　公园露营的主要特点

2. 公园露营的地点选择

公园露营的地点选择主要有两种，一种是去离自己住的地方比较近的公园进行露营；二是去专门的露营公园。

大家可以根据自身的情况去选择地点，大部分人选择的是前一种，因为露营公园在全国范围内还是有一定局限性的，有些地方根本就没有露营公园，去较远的露营公园又存在时间和距离上的问题。

3. 公园露营的食物选择

除了上面提到的内容，大家在和家人、朋友等去公园露营时，还需要想一下应该带什么东西去吃。下面为大家介绍食物选择的相关技巧。

说到露营食物，相信大家第一个想到的就是烧烤，不知从何时起，在人们的印象中，露营和烧烤似乎是一种离不开的关系。所以，现在大多数人去露营，都会选择携带烧烤类食物，因为非常应景。

而且，如果自己不想带烧烤架子的话，也可以选择在露营前去小摊上购买一些零食、小吃、烧烤等食品，如图1-8所示，非常方便。

图 1-8　去烧烤摊购买食物

4. 公园露营的注意事项

如果是选择去自己家附近的公园露营，虽然离家比较近，但还是有一些需要注意的事项，具体内容如图1-9所示。

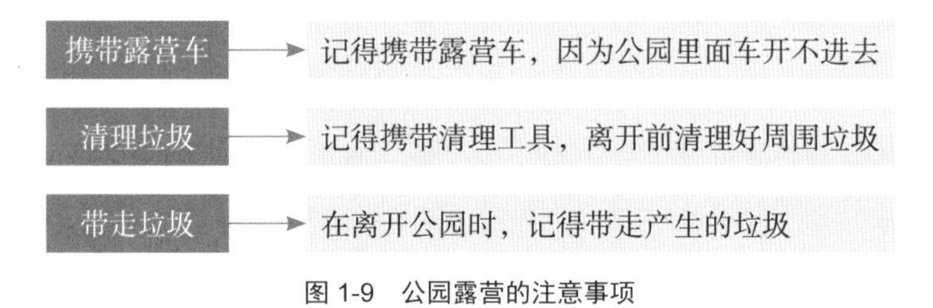

图 1-9　公园露营的注意事项

★ 温 馨 提 示 ★

公园露营不需要花费太多的时间和金钱，只需要挑选一个好的天气，带上自己的家人或者朋友，带着食物，相伴出行。试想一下，在繁忙的学业、工作中，利用周末去露营，那是多么的惬意！

1.4　家庭露营

家庭露营是适合家庭出游的露营模式，主要是指一家人出去露营。这种露营模式可以让家庭成员一起出游，享受户外的露营生活。不仅能够增进家庭成员间的关系，还可以一起去放松和调整心情。

本节就来为大家介绍家庭露营的相关内容。

1. 家庭露营的特点

家庭露营是全家一起出动的一种露营模式，其主要特点可总结为3点，具体内容如图1-10所示。

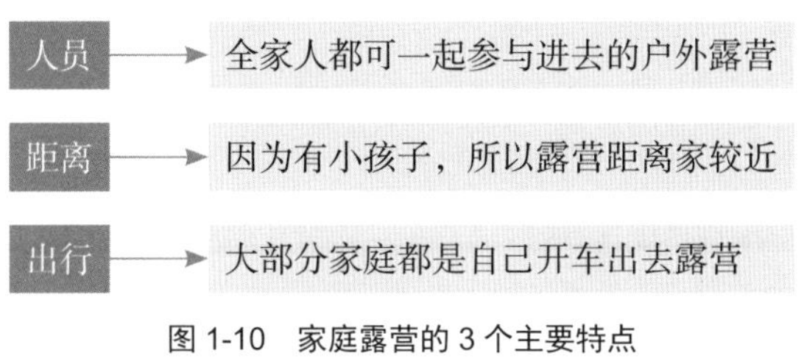

图 1-10　家庭露营的 3 个主要特点

★ 温 馨 提 示 ★

家庭露营一般是由父母带着孩子开车去郊区或者家附近的地方进行户外活动，因为有小孩子，所以大多数不会过夜。

家庭露营更注重亲子关系的培养，父母可以通过这一方式多与孩子进行沟通和交流，可以和孩子玩一些游戏，在带着孩子享受户外的空气、阳光的同时，加强亲子关系。

2. 家庭露营的地点选择

虽然说家庭露营选择的目的地都不会离家很远，但还是需要去一个环境好的地方，因为家庭露营老人和孩子都可以去，所以要选择一个适合老人和孩子的露营地点。关于家庭露营的地点选择有4个技巧，具体内容如下：

❶ 阳光充足：阳光充足的地方更适合活动，老人可以晒太阳，而小孩子则可以在太阳下玩耍。特别是太阳快要落山时，最适合玩耍，此时的阳光不会太过刺眼，但是又很暖和，如图1-11所示。

❷ 空气清新：既然是出去露营，肯定要选择空气清新的地方，这样才能更好地缓解心情。而且，空气清新有利于人们感受到平时生活中感受不到的东西，如自由、舒适感，能很好地减轻学业和工作带来的压迫感。

❸ 地方安静：家庭露营时，最好选择人群聚集少一点的地方，因为人太多了会很吵，无法感受到希望通过露营来获得的平静。人太多了容易发生意外，而且活动也会受到部分限制。

图 1-11　太阳落山

❹ 环境较好：这里的环境是指字面意思上的环境，即地面干净、平坦，空气中没有难闻的味道等。

3. 家庭露营的准备事项

去家庭露营前，最好提前做好一些准备，以免到时候发生意外，影响此次露营活动。那么，应该做好哪些准备呢？下面为大家一一介绍。

（1）出发前检查装备

家庭露营出发前，需提前检查本次露营时要用到的装备，如露营车、帐篷、天幕、防潮垫等，特别是食物这种必需物品，更需要提前检查好是否准备充足。

（2）了解露营目的地

对于自己将要去露营的地方，一定要有所了解，不能说去就去，要做好相关攻略，因为这不是你一个人去露营，是全家一起出动，如果露营目的地没有选好，前面做的一系列准备也就用不上了。

（3）携带一些急救用品

因为家庭露营可能会有老人和小孩，所以安全是必须重视的一个方面。比如，夏天的时候，如果是去草地旁边露营，那么蚊虫就是需要重点防范的，带一些防蚊虫的药品很有必要。此外，如创可贴、酒精、纱布等急救用品也需要准备好。

1.5 团体露营

团体露营是一种团队合作的户外露营模式，是指跟团队成员一起完成户外的露营生活和一些挑战。本节就来为大家介绍团体露营的相关内容。

1. 团体露营的特点

团体露营跟家庭露营的区别主要在于出行对象不同，家庭露营的出行对象是家人，而团体露营的出行对象则是露营团队中的队员。关于团体露营的特点主要有3个，具体内容如下。

❶ 对象陌生：跟其他的户外露营模式相比，团体露营的对象更为特殊一点。因为在大部分人的心中，和自己出去露营的同行者，一般是自己的家人或者好朋友，最起码不会是陌生人。但是，团体露营却刚好与此相反，因为这一模式刚好是陌生人聚集在一起，然后通过合作，共同完成野外生活与挑战。

❷ 注重合作：因为可能不认识、不熟悉团队的成员，所以在完成野外生活和挑战时，需要格外注重合作这一方式。

❸ 活动未知：团体露营面临的共同挑战是未知的，难度和类型也是未知的，可以是徒步旅行，也可以是攀登高山，还可以是野外生存等。

2. 团体露营的地点选择

团体露营的地点选择非常广泛，可以是山地，也可以是河流等地方。在开始团体露营前，如果时间不太充足，也可以征集一下所有人的意见，选择一个大部分人同意的地点。

3. 团体露营的注意事项

团体露营时，露营者需要注意一些事项，具体内容如下。

❶ 不要走丢：因为团体露营中的同行人员可能是不认识的，所以在集体前进时，领队要格外注意总的人数，而且团员也要紧跟大部队，不要走丢。

❷ 避免失火：团体露营时，特别是在准备吃的东西时，如果需要生火的话，一定要注意安全，离开时要记得熄灭火种，以免失火。

★ 温馨提示 ★

当然，除了本章介绍的5种户外露营模式，还有很多露营模式，如星空露营、海边露营等，由于页面限制，此处不再赘述，大家可以根据自身需求选择自己喜欢的模式。

第2章

7种露营帐篷，防水与防晒性是重点

在户外进行露营时，特别是需要在户外过夜的露营，在帐篷的选择上，露营者需要格外注意。

本章就来为大家介绍在户外露营时帐篷的选择方法与技巧，希望露营者可以从本章的内容中学到有用的知识，选择符合自身需求的帐篷。

2.1 金字塔帐篷

金字塔帐篷，顾名思义，就是形状类似于金字塔的帐篷。金字塔帐篷的中间和两边用杠杆支撑着，形成一个金字塔形状。本节就来为大家介绍金字塔帐篷的相关内容。

1. 金字塔帐篷的优缺点

金字塔帐篷从远处看过去，就是一个三角形，如图2-1所示。

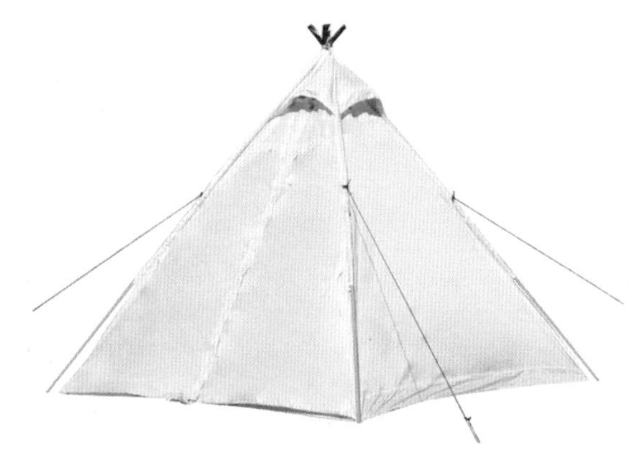

图 2-1 金字塔帐篷示例

因为三角形是最稳固的形状，所以金字塔帐篷在露营中很常见。那么，金字塔帐篷为何会受到欢迎呢？或者说，金字塔帐篷有哪些优点呢？

下面为大家介绍金字塔帐篷的优缺点，以便帮助大家判断是否选购金字塔帐篷，具体内容如图2-2所示。

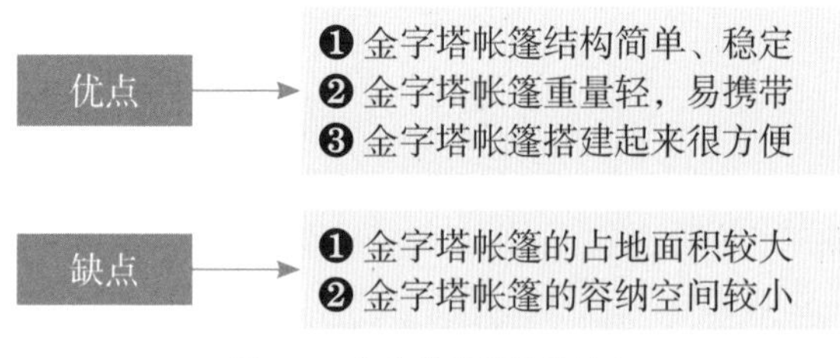

图 2-2 金字塔帐篷的优缺点

2. 金字塔帐篷的适用场景

下面讲解金字塔帐篷的适用场景，即露营者应该在什么时候选择金字塔帐篷呢？下面为大家详细介绍。

❶ 山地：金字塔帐篷相对比较轻，因此很适合登山时使用。

❷ 近郊地区：金字塔帐篷易收纳、携带，非常适合距离较近的郊区。

❸ 宽阔地区：金字塔帐篷占地面积大，但是其容纳空间又比较小，所以更适合地面宽阔的地区。

3. 金字塔帐篷的选购

了解完金字塔帐篷的适用场景后，下面为大家介绍选购金字塔帐篷的相关技巧。

❶ 露营人数：由于金字塔帐篷是一个三角形的外形设计，所以它的容纳空间比平常的帐篷要小，如果露营人数较多的话，这种帐篷可能就住不下。

❷ 通风防蚊：因为金字塔帐篷空间比较小，在夏天露营时，就要格外注重通风和防蚊效果。

❸ 防晒效果：外出露营时，防晒性是选择帐篷的必要测评因素。

❹ 出片效果：大部分年轻人去户外露营，都非常重视拍摄照片和视频，所以其出片效果也很重要。

所以，在选购金字塔帐篷时，最好注意这4个方面的内容，以便帮助大家选出最适合自己的帐篷。

4. 金字塔帐篷的搭建

选购完金字塔帐篷后，下面为大家介绍金字塔帐篷的搭建步骤及技巧。

步骤 01 首先，取出帐篷（主要包括内帐、外帐、内帐地席）和配件（主要包括防风绳、地钉、门厅杆等），然后将内帐地席展开、摊平，在各个对角线处打上地钉，如图2-3所示。

图 2-3　将内帐地席摊平并用地钉进行固定

步骤 02 将内帐平铺在内帐地席上，将各个对角套入地钉，如图2-4所示。

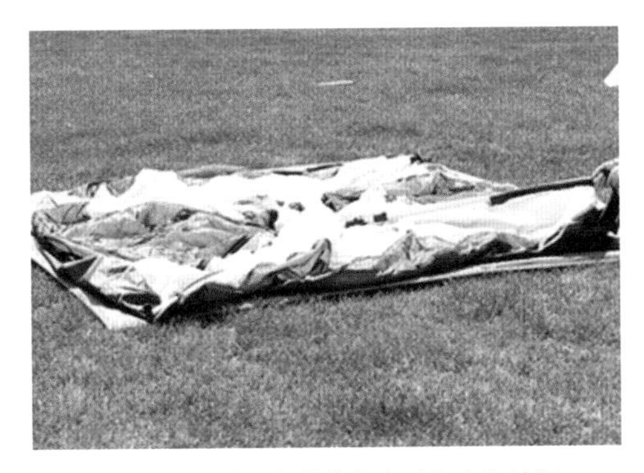

图 2-4　平铺内帐并将各个对角套入地钉

步骤03 执行操作后，撑起内帐，如图2-5所示。

步骤04 执行操作后，铺上外帐，系上风绳，然后以45° 角打入地钉，拉紧固定，如图2-6所示。

图 2-5　撑起内帐

图 2-6　拉紧固定好外帐

步骤05 执行操作后，打开前门，使用门厅杆和防风绳将其固定，如图2-7所示。

★ 温 馨 提 示 ★

在购买金字塔帐篷时，有两点需要注意，具体内容如下。

❶ 每个品牌赠送的帐篷配件都有所不同，如自动式金字塔帐篷和手动式金字塔帐篷。这两者最大的区别就是，手动式金字塔帐篷有一个主帐杆，在搭建时需要露营者手动从内帐里去撑起来，只有这样内帐才会成型；而自动式金字塔帐篷的配件中就没有主帐杆，可以自动将内帐撑起来。

❷ 露营者在购买金字塔帐篷时，要提前查看或者询问工作人员品牌赠送的配件，以免后面出现和自己想象中不同的情况。

图 2-7　固定好前门

5. 金字塔帐篷的收纳

金字塔帐篷的收纳技巧有两个，具体内容如下。

❶ 折叠方法：金字塔帐篷中只有外帐、内帐和内帐地席需要去折叠，其他配件只需收纳起来即可，具体的方法可以按照三角形状来折叠。

❷ 折叠长度：外帐、内帐和内帐地席的最终折叠长度，取决于收纳袋的长度。

6. 使用金字塔帐篷的注意事项

熟悉了金字塔帐篷的相关知识后，露营者就可以按照自身情况来决定是否选用该类帐篷。而真正购买、使用金字塔帐篷时，还要注意一些事项，如图2-8所示。

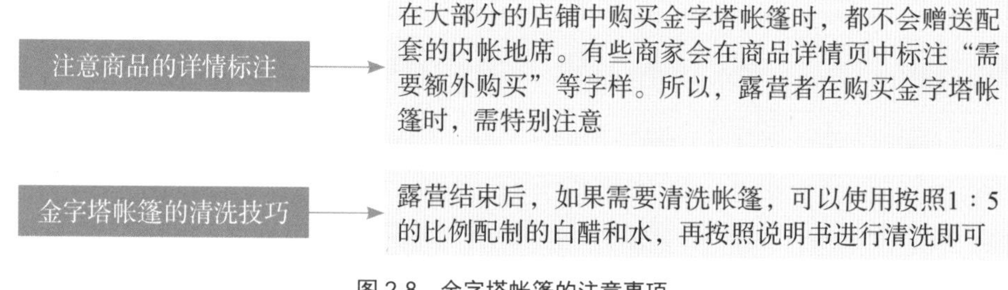

图 2-8　金字塔帐篷的注意事项

2.2　圆顶帐篷

圆顶帐篷主要是指该类帐篷的顶是有一定弧度的，圆圆的。本节就来为大家介绍圆顶帐篷的相关内容。

1. 圆顶帐篷的优缺点

圆顶帐篷最大的优点就是抗风性较强、容易搭建，缺点是稍微有点重，不太容易携带。图2-9所示为圆顶帐篷示例。

图 2-9　圆顶帐篷示例

2. 圆顶帐篷的适用场景

圆顶帐篷面积较大，而且一般是双开门的设计，非常适合亲子游。但是，由于圆顶帐篷比较重，所以更适合自驾到公园、郊区等较近的地方去露营。

3. 圆顶帐篷的选购

圆顶帐篷较为常用，在选购它时，露营者主要可以从露营人数、营地离家的距离两个方面去考虑。

2.3　屋形帐篷

屋形帐篷，从字面意义上看，就是形状像房屋的帐篷。其实，除了形状，还有一个原因就是容量大，像房屋一样。本节就来为大家介绍屋形帐篷的相关内容。

1. 屋形帐篷的优缺点

屋形帐篷，从远处看过去，就像一个小型的房子一样，而且跟其他的露营帐篷相比，它的面积和容量会更大，如图2-10所示。

图 2-10　屋形帐篷示例

下面为大家介绍屋形帐篷的优缺点，以便帮助大家了解其是否适合自己，具体内容如图2-11所示。

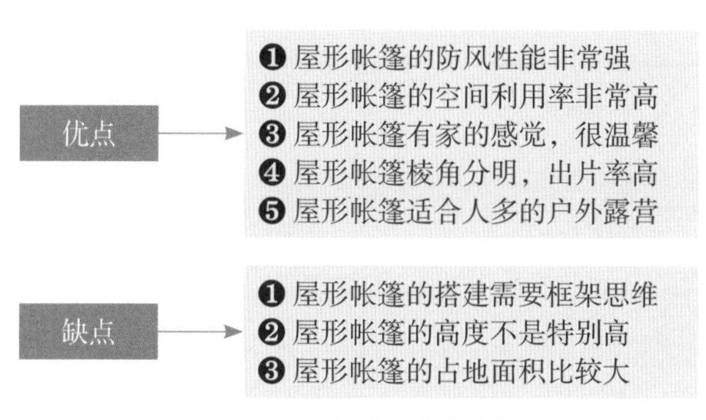

图 2-11　屋形帐篷的优缺点

2. 屋形帐篷的适用场景

露营者在和家人、朋友等熟悉的人一起出游时，可以选择屋形帐篷。因为屋形帐篷的外观看起来非常像房子，会让人觉得很温馨，而且该类帐篷的空间利用率很高，适用于人数比较多的露营。

3. 屋形帐篷的选购

因为屋形帐篷是一个框架式结构，面积比较大，所以该类帐篷比较笨重，在选购屋形帐篷时，露营者需要从空间大小、易携带性和搭建难易度等方面出发，选择

一款适合自身情况的屋形帐篷。

4. 使用屋形帐篷的注意事项

屋形帐篷的结构是框架式的，且四周是直立起来的，所以在搭建时可能会有很多帐篷杆子。外出露营时，一定要检查零件是否带齐了，而且最好将其收纳起来放到同一个位置，方便找到。

2.4 天幕帐篷

天幕帐篷，又称“天幕”主要是用来遮风挡雨的帐篷，它区别于其他的帐篷，一般不能用来过夜，也就是不能住人，只作为露营者们在白天的主要活动场地。

关于天幕，露营者需要了解6个方面的内容，主要包括天幕的优缺点、适用场景、类型、选购、搭建与使用注意事项等。本节将为大家一一介绍。

1. 天幕的优缺点

天幕主要的优点就是能扩大遮阳的面积，防晒防雨，让露营者们可以畅享户外的凉爽，而其缺点就是遮蔽性没有普通的帐篷好，一旦下大雨，就很容易被淋湿。图2-12所示为天幕示例。

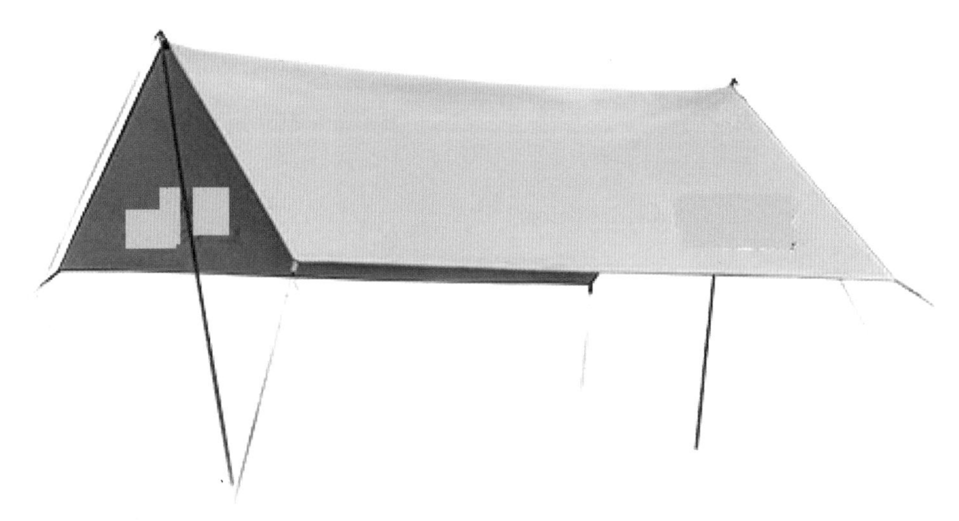

图 2-12　天幕示例

除了在帐篷里的时间，人们的大多数活动都是在天幕下进行的，像吃饭、聊天等，天幕在露营中的作用具体如下。

❶ 防风挡雨：在露营时，天幕可以为露营者防风和挡雨。

❷ 防紫外线：天幕可以为露营者遮挡强烈的太阳，保护皮肤，以防晒伤。

❸ 提供空间：天幕可以为露营者提供更大范围的活动空间，扩大活动地点。

2. 天幕的适用场景

天幕是露营时非常重要的工具之一，因为帐篷中的空间有限，所以大多数的露营者都通过天幕来扩大自己的活动场所。而且，天幕一般是开放式的，因此空气容易流通，露营者能更好地感受露营时的安逸。天幕主要有以下几个适用场景。

❶ 平地：天幕最好是在平地上搭建，因为在高山等崎岖不平的地方很难固定。

❷ 低海拔地区：在高海拔地区，风速会更大，由于天幕是通风的，因此很容易被掀翻。

❸ 宽阔地方：天幕的面积比较大，因此狭小的空间也无法搭建天幕。

❹ 地面要求：天幕搭建对场地也有一定的要求，如地面不能过软，也不能过硬，否则都无法固定好天幕。

3. 天幕的类型

了解了天幕的作用后，应该如何来选购天幕呢？首先，需要了解一下常见的天幕类别，具体如图2-13所示。

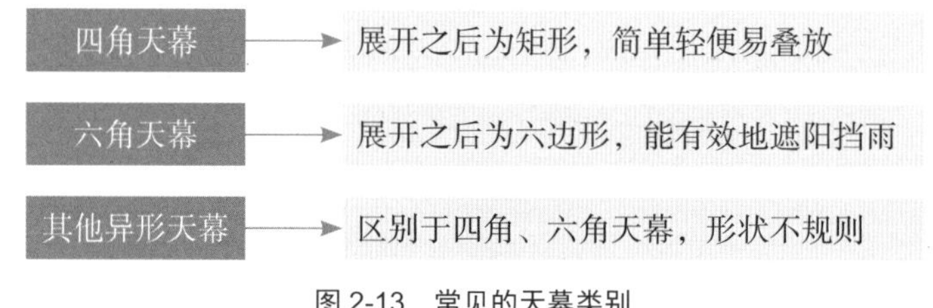

图 2-13　常见的天幕类别

下面为大家介绍常见的天幕类别的详细内容。

（1）四角天幕

四角天幕展开之后的形状是一个四边形，不仅简单、好搭建、好折叠，而且容易收纳、方便携带。四角天幕作为最常见的一种天幕，在露营基地随处可见，其外形如图2-14所示。

（2）六角天幕

跟四角天幕相比较，六角天幕的不同点在于它中间的两个核心支撑点往外撑开了，展开之后是一个六边形，在原来的基础上延长了可使用的面积，能够更加有效地遮挡太阳和雨水，因此更加实用，如图2-15所示。

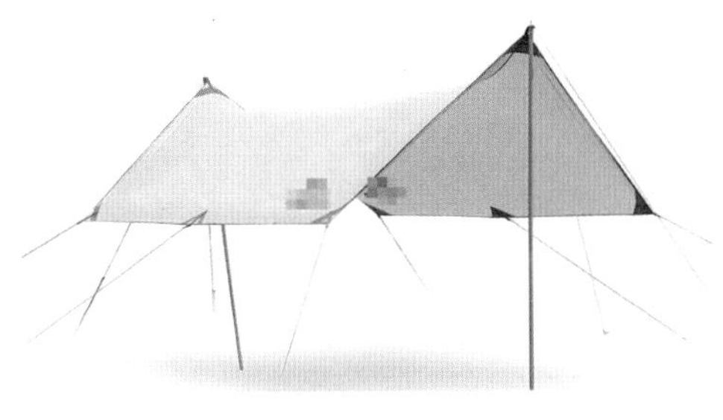

图 2-14　四角天幕

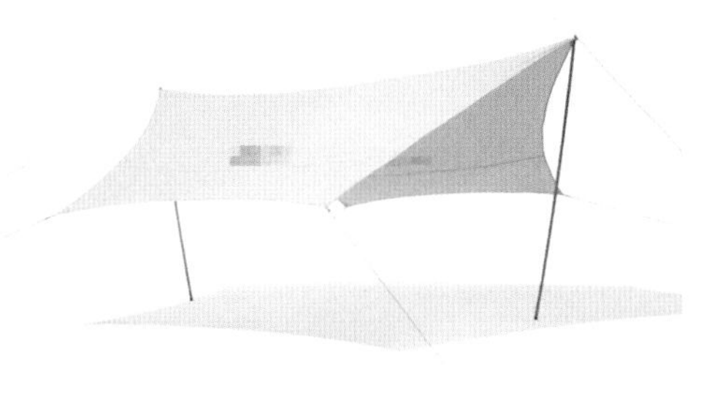

图 2-15　六角天幕

（3）其他异形天幕

其他异形天幕的特点主要是形状不常见，可能导致其使用范围缩小，所以实用性较低。其他异形天幕如图2-16所示。

车边车尾天幕
特点：用途多、易搭建、防水性能强大

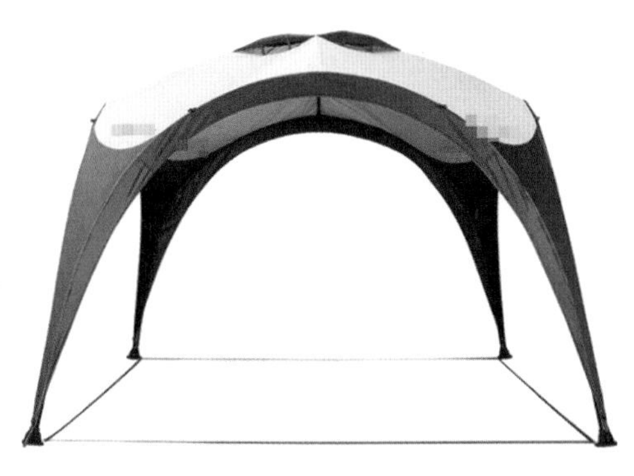

凉亭天幕
特点：防雨雪、结构稳固、通风性强

图 2-16　其他异形天幕

4. 天幕的选购

露营者在选购天幕时，需要从天幕的品牌、面积、防护性等多个方面进行考虑，以求选购到最适合自身的天幕。接下来为大家介绍天幕的选购技巧。

❶ 品牌：如果露营者是需要长期露营的话，从性价比来说，可以选择一些知名度较高的品牌，最好是专门制作露营相关物品的品牌，这样会更有保障。

❷ 面积：天幕的面积大小取决于露营人数，露营者要按需求去选购。一般来说，不管是去实体店，还是在网上选购天幕，都可以询问工作人员，如“大概有5个人一起去露营，应该选择多大面积的天幕？”等问题。

❸ 防护性：天幕是在外露营时人们的重要活动场所，帐篷的活动空间有限，大部分的活动都需要在天幕下进行，因此一定要选择一个防护性较强的天幕，其具体

功能表现为防风、防紫外线、挡雨等。

5. 天幕的搭建

选购完天幕之后，露营者还需要熟悉天幕的搭建方法与技巧，下面介绍一些关于天幕搭建的实用技巧。

❶ 基础：在出发露营前，要记得检查天幕的搭建零件，以防忘带。

❷ 关键：可以提前翻阅产品使用说明书或查看搭建教学演示视频。

❸ 重点：最好选择一位有天幕搭建经验或有露营经验的人去搭建。

下面为大家介绍大部分天幕的搭建步骤。

步骤01 将天幕平铺展开到地面上，把天幕杆准备好放到旁边，如图2-17所示，然后在天幕的各处拉环上绑好风绳，并打好地钉将风绳固定好。

步骤02 将天幕杆套进中间的扣环处，再将其向上撑起，使天幕基本成型，如图2-18所示。

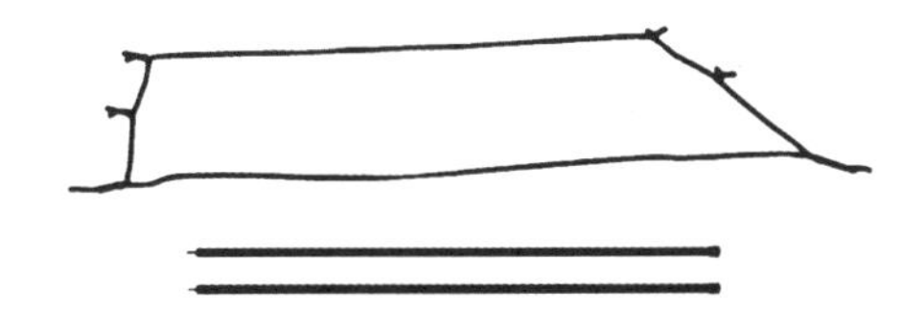

图 2-17　平铺天幕及天幕杆

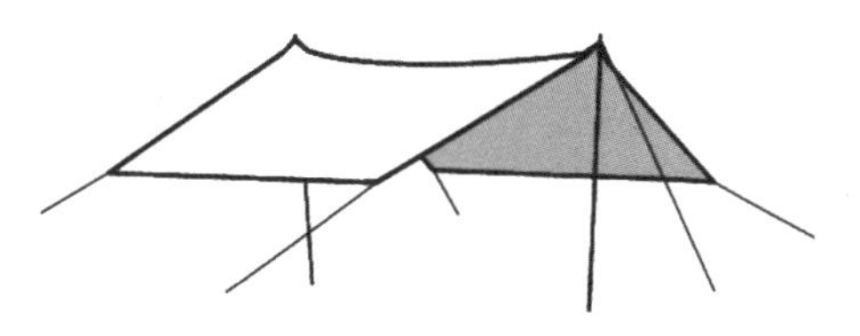

图 2-18　基本成型的天幕

步骤03 拉紧所有风绳，并且固定好。

6. 使用天幕的注意事项

除了上面这些内容，露营者在露营时，使用天幕还需要注意一些事项，具体内容如下。

❶ 选择颜色：在夏天外出露营时，露营者尽量选择浅色系的天幕，这样不容易吸热。

❷ 规避风吹：搭建天幕时，要注意其牢固性，以免被风吹动，产生安全隐患。除了使用自带的防风绳，露营者还可以用一些大石块压住防风绳和地面的连接处，加固天幕。

❸ 规避漏水：天幕在使用过程中，除了最怕被风吹翻，还有就是漏水。虽然说，在大雨天中很少使用天幕，但还是需要有一定的防水性能。

❹ 注重防晒：在天气好的时候，天幕的使用频次会比较多。作为户外露营的活动场所，露营者在选购时要格外注意天幕的防晒性能，这样能更好地为户外活动提供便利。

2.5　蒙古包帐篷

蒙古包帐篷也被称为“钟形帐篷”，主要是指从外观上看，有类似于蒙古包的外形。本节就来为大家介绍蒙古包帐篷的相关内容。

1. 蒙古包帐篷的优缺点

蒙古包帐篷是仿照内蒙古游牧民族所居住的蒙古包原理制作而成的，如图2-19所示。

图 2-19　蒙古包帐篷示例

蒙古包帐篷的优缺点具体如下。

（1）优点

❶ 空间大：蒙古包帐篷的内部空间非常大，能容纳很多人。

❷ 稳固：蒙古包帐篷非常稳固。

（2）缺点

❶ 不易携带：蒙古包帐篷的重量非常重，不太适合轻量化露营。

❷ 不易搭建：蒙古包帐篷的搭建步骤和材料复杂，很耗费时间。

2. 蒙古包帐篷的适用场景

蒙古包帐篷内部空间大，高度适中，比较适合人数较多的露营，如家庭、朋友、同事露营等。而且，蒙古包帐篷占地面积较大，比较适合更宽阔的露营地。

3. 蒙古包帐篷的选购

在选购蒙古包帐篷时，露营者要从外出露营的人数出发，因为蒙古包帐篷的内部空间非常大，所以如果外出露营的人数不多，就没有必要选择蒙古包帐篷。

4. 使用蒙古包帐篷的注意事项

除了上面这些内容，露营者使用蒙古包帐篷时还需要注意一些事项，具体内容如下。

❶ 注意通风：蒙古包帐篷面积非常大，所以在使用时要格外注意通风，特别是在夏天的时候，保持空气流通，防止受潮。

❷ 保持清洁：使用完蒙古包帐篷后，特别是阴雨天后，要及时清洁帐篷，避免发霉，影响到整个帐篷。

2.6 隧道帐篷

隧道帐篷是指外观看起来像隧道的帐篷。关于隧道帐篷，露营者需要了解4个方面的内容，主要包括隧道帐篷的优缺点、适用场景、选购与使用注意事项等。本节将为大家一一介绍。

1. 隧道帐篷的优缺点

隧道帐篷的形状区别于前面讲解的所有帐篷，它从侧面看上去是一个长条的形状，也就是隧道的形状，如图2-20所示。

图 2-20　隧道帐篷示例

下面为大家介绍隧道帐篷的优缺点，帮助大家了解隧道帐篷的细节内容，以便露营者选购到适合自身情况的帐篷，具体内容如下。

（1）优点

❶ 使用空间充足：隧道帐篷的内部分成了两个部分，可以一边用来休息、睡

觉；另一边用来吃饭、活动等，使用空间很充足，不用担心帐篷的可使用范围小。

❷ 提供活动场所：天幕的主要作用是为了有一个区别于睡觉的地方去活动，如坐在一起聊天、吃饭等，而隧道帐篷也能够实现该要求，提供更多的活动场所。

❸ 携带非常方便：隧道帐篷一帐两用，就不用再另外携带天幕了，所以户外露营时，在行李的可携带性上就有很大优势。

（2）缺点

❶ 搭建不方便：隧道帐篷搭建起来不是很方便，而且由于其“一帐两用”这一特性，使得其在搭建时需要耗费更多的时间和精力，一个人搭建会很吃力。

❷ 抵挡力较差：隧道帐篷无法抵挡强风来袭，容易被风吹变形。

2. 隧道帐篷的适用场景

隧道帐篷虽然面积较大，但是由于其分为了休息和活动两个区域，所以在人数上还是有一定的限制，如活动区只要不觉得挤，人数多一点也没关系，但休息区主要是用来过夜的，所以使用人数还是不宜过多，否则会不舒服。

3. 隧道帐篷的选购

在选购隧道帐篷时，露营者要从露营人数和需求出发，下面介绍一些选购隧道帐篷的条件。

❶ 人数中等：最好是2～4人，不过具体人数还是要看隧道帐篷的空间面积，尽量让自己在休息时不感到拥挤。

❷ 距家较近：单个隧道帐篷比较重，携带起来不方便，露营地点最好距家比较近，或者是有自驾出游的车。

4. 使用隧道帐篷的注意事项

使用隧道帐篷时，露营者需要注意以下几个事项。

❶ 检查完整性：在晚上睡觉前，露营者要检查隧道帐篷的两边是否完全关上，以免野外的动物破坏帐篷里面的东西。

❷ 选择驻扎地：隧道帐篷容易被风吹变形，所以在选择驻扎地时，露营者要考虑背风的地方，以免发生危险。

2.7 车顶帐篷

车顶帐篷，顾名思义，是指放在车顶的一种帐篷，如果读者喜欢简约的露营生活，喜欢说走就走的旅行，或者喜欢自驾游的话，那么车顶帐篷就非常适合你。本节将为大家介绍车顶帐篷的相关内容。

1. 车顶帐篷的优缺点

车顶帐篷是放在车顶上面的帐篷，所以要适应车顶的面积大小，车顶帐篷的底部面积不算特别大。图2-21所示为车顶帐篷示例。

图 2-21　车顶帐篷示例

下面为大家介绍车顶帐篷的优缺点，具体内容如下。

（1）优点

❶ 驻扎方便：车顶帐篷不需要在地面上进行驻扎，比其他的帐篷稍微方便一点。但是，在车顶固定该类帐篷时，也需要注意其牢固性。

❷ 远离地面：车顶帐篷远离地面，能够很好地防范户外营地的蛇虫鼠蚁等生物，为露营者提供更好的夜晚睡眠环境。

（2）缺点

❶ 价格较贵：车顶帐篷的价格比其他在地面驻扎的帐篷要贵一些。

❷ 阻力增加：车辆上面安装了车顶帐篷的话，行驶时会受到帐篷重量的阻碍，更加耗油。

❸ 拆卸不便：露营行程结束后，拆卸车顶帐篷时很不方便，而且还需要到车顶上面去拆卸。

2. 车顶帐篷的适用场景

车顶帐篷因为其特殊的安装环境，所以它的适用场景非常受限。具体来说，有两个方面，详细内容如下。

❶ 人数较少：车顶帐篷离地面有一定的距离，所以人数过多不太安全，最好控制在1~2人。

❷ 车辆要求：安装车顶帐篷对于车辆有一定的要求，如需要安装车顶支架等，

而车顶支架是否与该车匹配又是一个需要注意的问题。

3. 车顶帐篷的选购

选购车顶帐篷时，露营者要从3个方面去考虑，具体内容如图2-22所示。

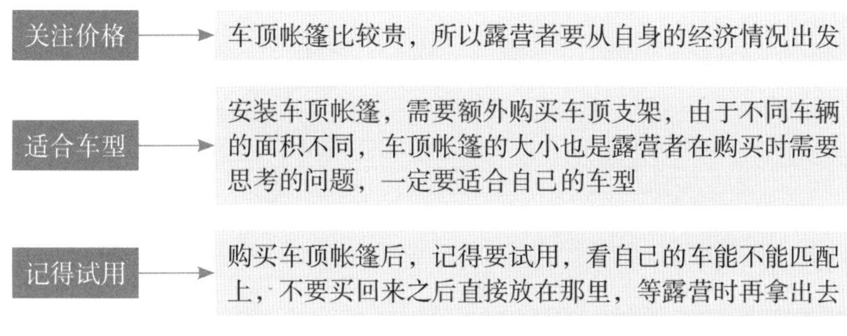

图 2-22　选购车顶帐篷需要考虑的 3 个方面

4. 使用车顶帐篷的注意事项

使用车顶帐篷时，露营者们有几个需要注意的事项，具体内容如下。

❶ 不要打闹：在车顶帐篷中休息时，尽量不要去打闹，否则就很有可能会发生危险。

❷ 注意高度：在安装了车顶帐篷后行驶时，一定要注意道路对于高度的要求，如果路线中有一些比较矮的隧道，那么就需要改换路线了。

★ 温 馨 提 示 ★

除了本章介绍的 7 种露营帐篷，还有一些比较小众的帐篷，如球形帐篷、车边帐篷、六角形帐篷等，由于页面限制，在此不再赘述，大家如果感兴趣的话，可以自行到网上去搜索。

第 3 章

5种置物桌椅，带着既方便又舒适

置物桌椅是户外露营时，用于放置露营物品、休息的工具。由于露营的特殊性，露营者主要选择较为轻便的置物桌椅，因为携带起来会更加方便。

本章就来为大家介绍 5 种置物桌椅，帮助大家选择出更适合自身情况的置物桌椅，愉快地度过露营时光。

3.1　收纳箱

俗话说“民以食为天”，在露营时，除了睡觉，最重要的就是吃了。但是也应该知道，露营不比在家，没有可以存放食物的地方，所以这时候收纳箱就显得非常重要了，不仅可以减少食物受到的外在碰撞，也可以保持食物的新鲜度。本节就来为大家介绍收纳箱的相关内容。

1. 收纳箱的作用

收纳箱是指专门用来整理零碎物品的箱子，能够将各种零散的物品收纳在一起。对于露营者来说，准备收纳箱还是很有作用的，具体内容如下。

❶ 首先，收纳箱可以收纳一些不需要保温、保鲜的食物，保持食物的干净。

❷ 其次，可以将容易被忽略的小物件都放到收纳箱里面去，如地钉锤、餐具、晾衣置物绳、手电筒等。如果东西多的话，找起来可能就很不方便，统一放在一个收纳箱里既能节省空间，也能节省寻找的时间，而且看起来又显得特别整洁。

❸ 最后，收纳箱也可以充当小的桌子来使用，如在上面放一些零食、饮料等。

2. 收纳箱的类型

收纳箱主要有两种类型，露营者要根据自身需求去选择，具体内容如下。

（1）铝镁合金材质

铝镁合金材质的收纳箱承重能力非常好，在空间足够容纳的情况下，可以放许多比较重的东西，如饮料、矿泉水等。

而且，收纳箱的上面也能放一些重的东西，外出露营时可以对它进行多层叠加，以减少占地面积。此外，此种材质的收纳箱抗压能力也非常强，不会轻易被外力挤压变形。图3-1所示为铝镁合金材质的收纳箱示例。

图 3-1　铝镁合金材质的收纳箱示例

（2）塑料材质

除了铝镁合金材质的收纳箱，常用的还有塑料材质的收纳箱，它在家中更为常见。虽然塑料材质的收纳箱的承重能力和抗压能力都没有铝镁合金材质的好，但是它重量较轻，只要不放太重的东西，还是非常实用的。图3-2所示为塑料材质的收纳箱示例。

图 3-2　塑料材质的收纳箱示例

3. 使用收纳箱的注意事项

外出露营前，如果露营者们觉得东西太过杂乱而准备了收纳箱，那么，在使用收纳箱时，露营者需要注意3个方面的内容，如图3-3所示。

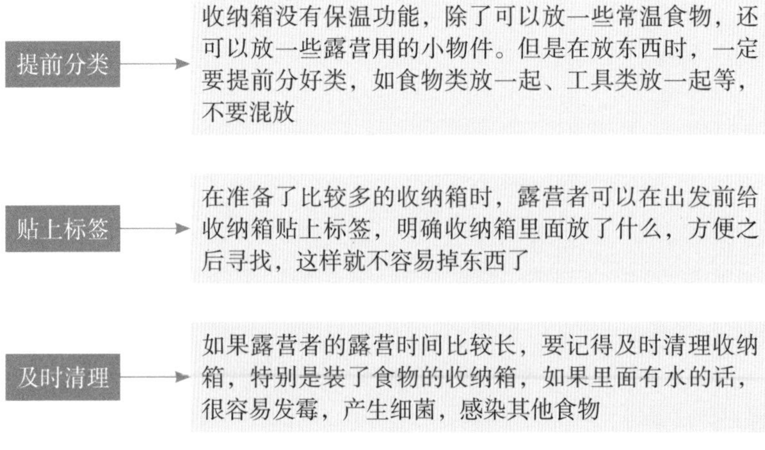

图 3-3　收纳箱的 3 个注意事项

3.2 折叠桌

露营时，做饭、吃饭、放东西都需要用到桌子，而考虑到需要节省空间，大部分露营者会选择携带折叠桌。

折叠桌是指具有折叠功能的桌子，能更好地收纳起来。本节就来为大家介绍露营折叠桌的相关内容。

1. 折叠桌的作用

在露营时，折叠桌主要有两个作用，具体如图3-4所示。

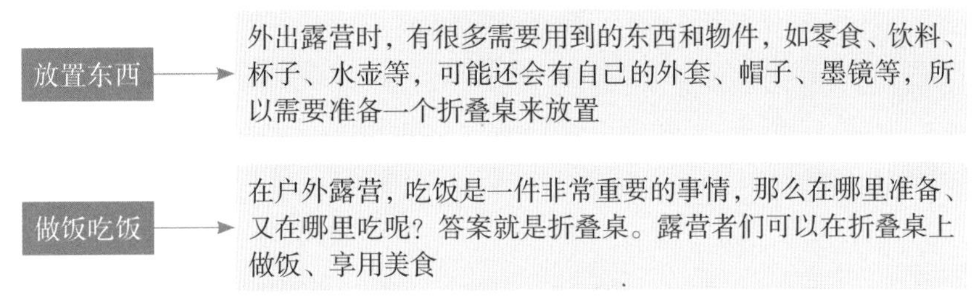

图 3-4　折叠桌的作用

2. 折叠桌的优缺点

除了上面讲到的作用，折叠桌还有许多功能，如露营者们可以在上面玩游戏等。下面就来介绍折叠桌的优缺点。

（1）优点

❶ 节省空间：折叠桌跟其他的桌子相比，更适合露营，因为外出携带时，折叠桌可以折叠，非常节省空间。

❷ 经济实用：折叠桌比较经济实惠，可以为露营提供放置东西的空间，之后放在家中也很实用。

（2）缺点

折叠桌的主要缺点是承重较差，有一部分折叠桌，因为商家过度追求轻便，所以导致其承重能力较弱，在露营时不能摆放非常重的东西。

3. 折叠桌的选择

在选择露营折叠桌时，露营者要考虑露营人数，如果只有一两个人，带一个小的折叠桌就可以了，能用来做饭、吃东西、煮茶等；如果人数比较多，就要选择大一点的折叠桌，如高度、面积、重量等都是需要考虑的范围。

图3-5所示为折叠桌示例。该折叠桌更适用于4～6人的露营，因为面积比较大，可容纳的人数也会更多。

图 3-5　折叠桌示例

4. 折叠桌的组装

大部分的折叠桌是一体的，不需要额外去组装，但也有小部分的折叠桌，买回来后需要露营者自己去组装。下面介绍折叠桌的组装步骤。

步骤 01 首先，将折叠桌的零件摆放出来，如图3-6所示。

步骤 02 然后，将折叠桌中间的支架撑开并固定好，如图3-7所示。

步骤 03 最后，安装好折叠桌的桌面，如图3-8所示。

图 3-6　摆放折叠桌的零件

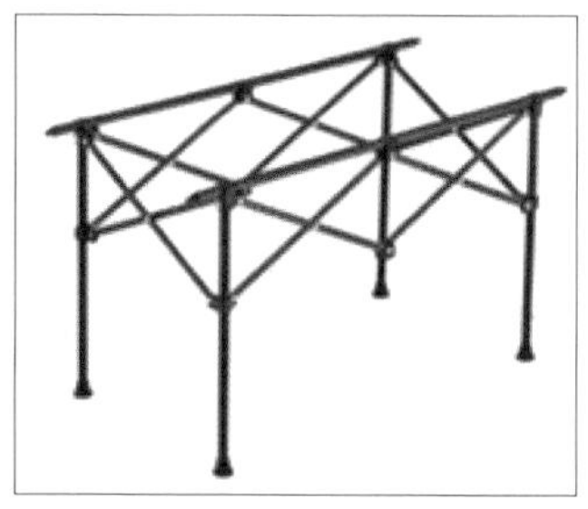

图 3-7　撑开并固定好折叠桌支架

图 3-8　安装好折叠桌的桌面

5. 使用折叠桌的注意事项

对外出露营而言，折叠桌是非常必要的，因此在选购、使用、收纳时，露营者们都要保护好折叠桌，具体内容如图3-9所示。

提前组装 →	一些折叠桌需要重新组装，所以露营者在购买完这种折叠桌后，需要自己在家中提前组装，不要到了营地之后，再去对照说明书，看教学视频，这样会很浪费时间
清理收纳 →	使用完折叠桌后，记得清理干净上面的污渍，然后按照组装顺序反过来去拆卸，拆卸完成后，将所有的零件放到专门的收纳包里，以方便下次使用

图 3-9　折叠桌的相关注意事项

3.3　置物架

置物架是指可以用来放置物品的架子，在露营中，置物架主要用来放置一些做饭时会用到的炊具，如锅、水壶等，还可以放剪刀、手套等小物件。本节就来介绍露营中置物架的相关内容。

1. 置物架的作用

在露营时，置物架可以用来快速沥干炊具、餐具上的水分，使其保持干燥。图3-10所示为营地置物架示例。

图 3-10　营地置物架示例

2. 置物架的类型

在露营时，置物架主要有两种类型，一种是落地置物架，另一种就是桌面置物架。那么，这两种置物架之间有什么区别呢？下面将详细介绍。

（1）落地置物架

落地置物架的主要特点是可以直接放在营地的地面上，如图3-11所示。

图 3-11　落地置物架示例

落地置物架的主要优势有两点，具体内容如下。

❶ 空间充足：在营地中使用落地置物架，不需要占用桌子等其他的空间，它可以直接摆放在营地的地面上。

❷ 实用性强：落地置物架不需要考虑桌子的大小，所以在购买时，可以选择能放置更多东西的落地置物架，这样可使用的范围也会更大。

（2）桌面置物架

桌面置物架需要放置在桌子上，如图3-12所示。

图 3-12　桌面置物架示例

桌面置物架的主要优势有两点，具体内容如下。

❶ 节省空间：在营地中使用桌面置物架，直接将其固定在桌子上面，可以节省营地的空间。

❷ 小巧轻便：桌面置物架小巧轻便，收纳容易，携带也很方便。

3. 置物架的选择

选择露营使用的置物架时，露营者要从露营人数、桌子的面积、可携带性等方面去考虑。

4. 使用置物架的注意事项

在营地中使用置物架，有两个注意事项，具体内容如下。

（1）材质

在购买营地使用的置物架时，一定要选择不易受潮、不易生锈材质的，因为这样才能循环使用。

（2）牢固性

使用落地置物架，最需要注意的就是其稳固性，因为炊具和餐具等东西放置在上面，最怕被风掀翻。所以，一定要固定好置物架，检查好置物架底座是否牢固，以防被风吹倒。

（3）承重力

使用桌面置物架时，要考虑桌子的承重力，以及相关炊具、餐具等的重量，以免在使用过程中压倒桌子。

3.4 克米特椅和月亮椅

克米特椅和月亮椅是露营中最受欢迎的两种椅子，这两种椅子各有优点和缺点，所以在选择时，还需要露营者们从实际情况和自身需求出发。本节为大家介绍克米特椅和月亮椅的相关内容，帮助大家更好地选择露营椅。

1. 克米特椅

克米特椅是一种常见的露营椅，它可以自由调节角度，非常符合人体习惯，能让人感觉很舒服，如图3-13所示。下面为大家介绍克米特椅的相关内容。

（1）克米特椅的优点

克米特椅在露营中的优点非常明显，具体内容如下。

❶ 稳定牢固：克米特椅非常牢固，承重力也很强，不需要担心会被倾翻。

❷ 坐感舒适：克米特椅呈扁平形状，坐起来非常舒服。

❸ 易收纳：克米特椅折叠起来非常方便，容易收纳。图3-14所示为折叠后的克米特椅。

图 3-13　克米特椅示例

图 3-14　折叠后的克米特椅

（2）克米特椅的缺点

除了上面讲的优点，在露营中克米特椅也有缺点，就是它本身偏重，特别是跟其他的露营椅相比，如月亮椅，所以在携带性上可能没有这么好。

（3）克米特椅的适用人群

结合上面讲的克米特椅的优缺点可以看出，克米特椅的主要适用人群有两个特征，具体内容如下。

❶ 有车的人：克米特椅重，但是收纳后的体积小，如果露营者有车的话就可以解决这一问题了。

❷ 常坐的人：一些露营者会经常坐着休息，所以对椅子的舒适度、牢固度有一定的要求，而克米特椅刚好能满足。

2. 月亮椅

月亮椅名字的来源主要是指从侧面看，该椅子的外形像半月，如图3-15所示。月亮椅在露营中很常见，尤其是徒步这种类型的露营。下面为大家介绍月亮椅的相关内容。

（1）月亮椅的优点

月亮椅在露营中的优点有很多，具体内容如下。

❶ 重量轻：月亮椅非常轻，非常适合露营，尤其是对行李重量有要求的露营。

❷ 体积小：月亮椅的体积小，收纳起来不占地方，方便出行携带。

（2）月亮椅的缺点

除了上面讲的优点，月亮椅也有一些缺点，就是它本身偏轻，所以长时间久坐不太牢固，而且由于其构造是半月形，是往里面凹进去的，长时间久坐下来，就会感觉很累、不太舒服。

图 3-15　月亮椅示例

（3）月亮椅的适用人群

从月亮椅的优缺点可以看出，其适用人群主要有两个特征，具体内容如下。

❶ 体重较轻：月亮椅可承受的重量有一定的限制，如果长时间久坐的话，可能难以承受。

❷ 徒步人群：徒步对于行李的重量和折叠度有很高的要求，而月亮椅刚好符合这两点，不占地方又非常轻。

（4）注意事项

在露营中使用月亮椅时，要从安全的角度出发，相关注意事项如下。

❶ 放置平稳：使用时记得完全打开，并放置在平整、坚硬的地面，以防侧翻。

❷ 注意儿童：儿童记得在家长的监督下使用，以防发生危险。

❸ 清理存放：月亮椅不使用时，记得及时清理，并存放在干燥的环境中。

3.5　露营车

这里的露营车主要是指户外露营的小推车，用来运载露营装备、食物等东西。本节就来为大家介绍露营车的相关内容。

1. 露营车的作用

在露营时，露营车的作用是不可小觑的，就像人们旅行时会带行李箱一样，露营车可以用来装很多难以搬动的东西，或者说可以一次性搬很多东西。图3-16所示为露营车示例。

除了搬东西，有些露营车还有一个作用，就是可以充当桌子，在露营人数较少的时候使用，这样就可以不用额外带折叠桌了，非常方便，如图3-17所示。

图 3-16　露营车示例

图 3-17　把露营车当成桌子使用

2. 露营车的选择

当然，露营车不是必需的，但是如果营地里面不能开车进去，露营的装备都需要自己运进去的话，那么还是可以带一辆露营车的。这种情况下，露营者最好选择容量大一点的露营车，这样能够缩减来回托运露营装备的时间。

3. 使用露营车的注意事项

使用露营车时，露营者最好将其停放至平整的地面，以免因为没停稳而滑走，甚至是打翻里面的东西。特别是把它当桌子使用并在上面摆放好了食物时，更要注意。

★ 温 馨 提 示 ★

除了本章介绍的5种露营置物桌椅之外，还有许多不常用的装备，如保温箱、保冷箱等，而且各种物品的材质、大小都不同，所以可供大家选择的置物桌椅非常多，由于页面的限制，在此不再赘述，在露营时，大家可以根据自身情况选择合适的置物桌椅。

第 4 章

5种炊具餐具，体验感飞速上升

在露营中，只有想做饭的露营者和长时间在外露营的人会用到炊具和餐具，因为炊具和餐具是做饭和吃饭时不可缺少的工具。

本章就来为大家介绍在户外露营时常用的 5 种炊具和餐具，帮助需要做饭的露营者选择出更符合自身需求的炊具和餐具。

4.1　卡式炉

卡式炉又称便携式丁烷气炉，是一种能进行直火加热的可移动厨具。卡式炉是户外露营的常见炉头，非常受欢迎。本节为大家介绍卡式炉的相关内容。

1. 卡式炉的作用

卡式炉不仅携带轻松，而且使用方便。在露营时，随时都能用它来制作食物，且不限时间和天气的变化。

2. 卡式炉的优缺点

在户外露营时，如果需要做饭的话，使用卡式炉极为方便，但是也有一些缺点，下面将详细介绍。

（1）优点

卡式炉可以帮助露营者快速生火、做菜，具体优点如图4-1所示。

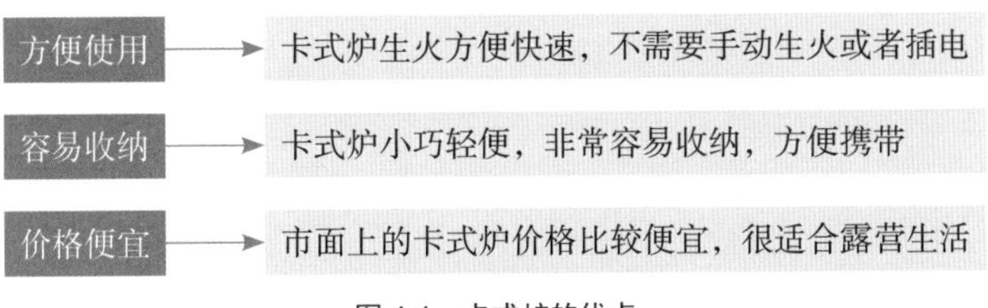

图 4-1　卡式炉的优点

（2）缺点

除了上面介绍的优点，卡式炉还有一些缺点，具体内容如下。

❶ 湿度：卡式炉点火的成功率与湿度相关，所以在湿度特别高的营地环境下，卡式炉有可能打不着火。

❷ 隐患：丁烷气罐受热容易爆炸，因此存在一定的安全隐患。

3. 卡式炉的类型

卡式炉是露营时最常见的一种生火工具。常见的卡式炉按照外形可分为单眼型和双眼型。

（1）单眼型

单眼型卡式炉只有一个炉头，收纳起来非常方便，但是面积比双眼型卡式炉小一些。单眼型卡式炉又可以细分为迷你型和超薄型，如图4-2所示。

这两种单眼型卡式炉中，最容易收纳和携带的就是迷你型卡式炉，只需要在使用完之后把气罐取出，并将支架折叠，然后把折叠好的支架放入之前放气罐的位置就可以了，适用于人数较少的露营。

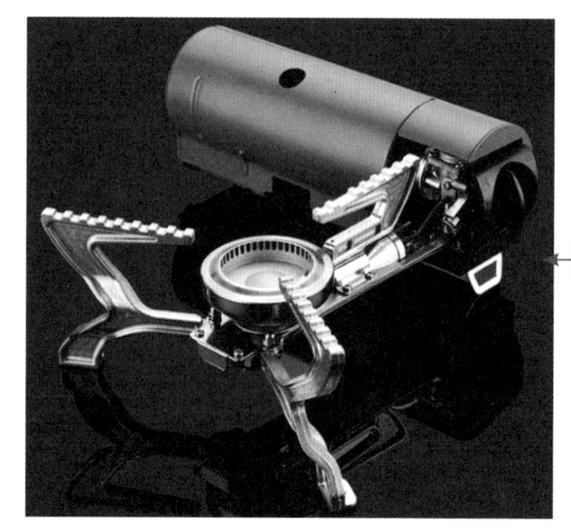

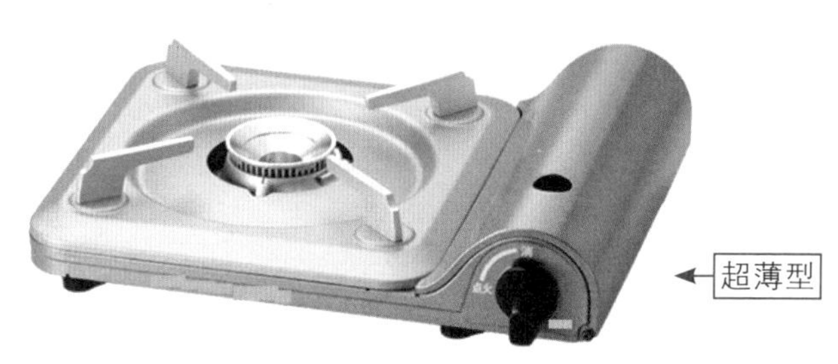

图 4-2　迷你型和超薄型的单眼型卡式炉

（2）双眼型

双眼型卡式炉有两个炉头，如图4-3所示。这种类型的卡式炉占地面积更大一些，但是可使用的面积也更大，它的两个炉头能够节省很多时间，在露营人数较多时，可以一边熬汤、一边炒菜，或者一边烧烤、一边火锅，而且两边的火候大小也不受对方的影响，能够自由调节。

图 4-3　双眼型卡式炉

4. 使用卡式炉的注意事项

在露营时，使用卡式炉作为炊具，一定要注意安全，详细内容如下。

（1）使用方面

在使用卡式炉前，有两个需要了解的事项，详细内容如下。

❶ 多备气罐：卡式炉的气罐容量不大，如果露营人数较多且露营时长较久，则需要多准备几个气罐。

❷ 提前使用：卡式炉比较耐用，但在露营出发前最好先使用一下，避免因卡式炉零件老化出现打不出火的情况。

（2）安全方面

卡式炉的燃料是丁烷，它与空气混合之后能形成爆炸性混合物，所以在营地使用时一定要注意安全，下面为大家介绍丁烷气罐需要注意的事项。

❶ 检查装置：卡式炉有一个过压保护装置，当温度过高时，会强制弹出气罐瓶。但是，该保护装置是一个机械固件，存在老化危险，所以必须定期检查，查看它是否能使用。

❷ 远离明火：丁烷与空气混合之后产生的混合物，一旦与明火接触，极有可能存在爆炸危险，所以要远离明火。

❸ 远离热源：丁烷气罐瓶的储存环境最好不超过40℃，而且要放在通风良好的位置，千万不要在烈日下暴晒。

❹ 勿重复使用：丁烷气罐属于一次性用品，不能充气重复使用。

❺ 使用时长：丁烷气罐最好在2～3年内使用完毕，如果隔了很久，就尽量不要再使用了。

❻ 远离儿童：不要让儿童在卡式炉和丁烷气罐瓶周围玩耍，以免产生危险。

4.2　烤肉架

在户外露营中，大部分露营者准备的美食都离不开烧烤，可见烧烤在露营中是非常受欢迎的。那么，如果想要吃烧烤，最应该准备的是什么呢？没错，就是烤肉架。本节就来为大家介绍烤肉架的相关内容。

1. 烤肉架的类型

烤肉架，从字面意义上看，是指用来烤肉的支架，它也是一种厨具，且在露营中极为常见。那么，它具体包括哪些类型呢？从其使用方法出发，烤肉架大致可分为三大类，即电动烤肉架、烧炭烤肉架和燃气烤肉架。

但是，在露营时因为对电有一定的限制，且气罐不耐用，所以烧炭的烤肉架最为常见。下面就来为大家介绍烧炭烤肉架的相关内容。

（1）烧炭烤肉架的优点

烧炭烤肉架为什么在露营中这么受欢迎呢？主要是因为它有很多优点，具体内容如下。

❶ 安全：在户外长时间使用的情况下，与电动和燃气烤肉架相比，使用烧炭烤肉架更为安全。

❷ 温馨：电动和燃气烤肉架都比较小，只能适用人数较少的露营，而烧炭烤肉架则大很多，如图4-4所示，可以容纳很多人，即使露营人数较少，也可以喊上营地周围的露营者一起加入，场面非常温馨。

图 4-4　烧炭烤肉架示例

❸ 味道更香：与电动和燃气烤肉架相比，使用烧炭烤肉架烤出来的食物会更香一点。

（2）烧炭烤肉架的缺点

除了上面介绍的优点，烧炭烤肉架也有一些缺点，具体内容如图4-5所示。

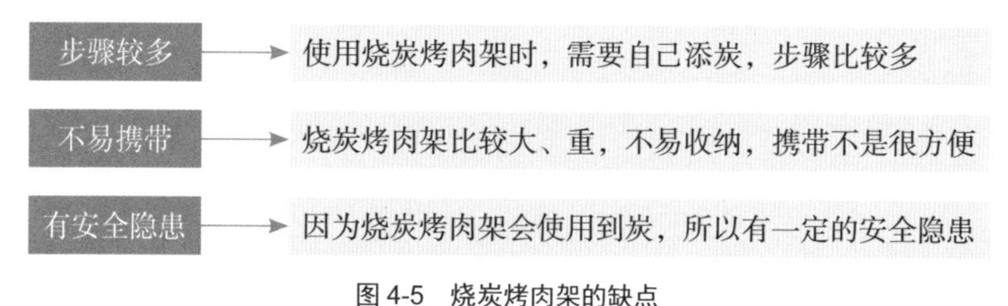

图 4-5　烧炭烤肉架的缺点

2. 使用烤肉架的注意事项

在户外使用烤肉架时，一定要注意安全，下面介绍其注意事项。

❶ 记得清洗：使用完烤肉架后，要等温度完全降下来后再进行清洗。

❷ 远离树木：使用炭火烤肉架时，要远离树木较多的区域，以免引起意外，产生安全隐患。

❸ 购买炭火：在准备携带炭火烤肉架去露营前，记得购买专门的烧烤炭，这样会更安全。

4.3 调料包

上一节介绍了烤肉架，本节将介绍调料包。调料包听起来不算是必需品，但是真正去露营后就会发现，调料包非常重要。特别是在烧烤时，配上一些调味料，食物就会非常美味。本节主要介绍调料包的相关内容。

1. 调料包的作用

调料包主要是指可以给食物调味的料包，包括粉包、酱包、蔬菜包等。调料包的主要作用就是调味，如酸味、甜味、苦味、辣味等，当然也可以调出具体的口味，如番茄味等。调料包可以在增加食物口感丰富性的同时，提高其营养多样性。

图4-6所示为市场上的调料包示例。从该图可看出，调料包有多种不同的口味，如番茄、红烧牛肉、金汤肥牛、香辣牛肉等。

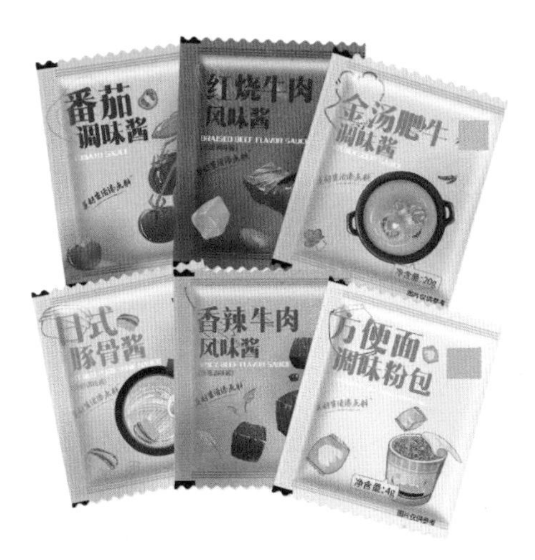

图 4-6 市场上的调料包示例

2. 调料包的优点

去户外露营，最直观的要求就是行李轻便，如果露营者要做饭的话，就需要带上很多调味料，不仅很重，而且不好收纳。这时，大部分的露营者就会选择带一些调料包来减轻行李。那么，除了这个优点，调料包还有什么优点吗？详细内容如图4-7所示。

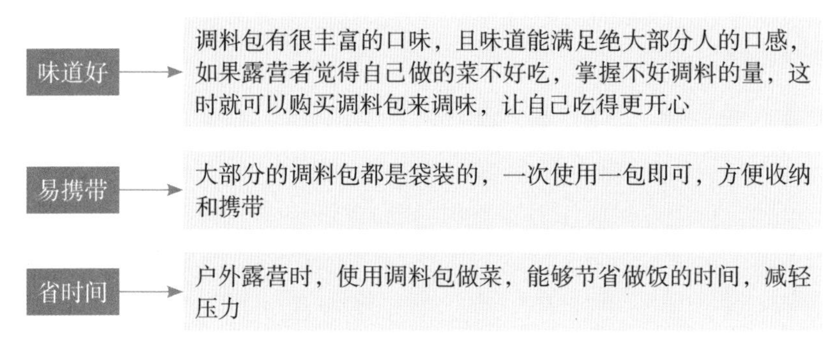

图 4-7　调料包的优点

3. 使用调料包的注意事项

在露营时使用调料包，有两个需要注意的事项，具体内容如下。

❶ 注意保质期：户外露营时，食物安全是一个大问题，露营者们除了要关注食材的新鲜度，还要对调料包的生产日期、保质期有一个认知，以防过了保质期，调料包变质了，导致拉肚子，甚至引起其他并发症。

❷ 注意配料：露营者在购买调料包前，一定要注意调料包中的配料表，查看里面是否有自己和其他人过敏的食材，以免发生危险。

4.4　炊具三件套

去野外露营，如果露营者们想要做饭的话，就一定不能忘记携带炊具。本节就来为大家介绍户外露营时，露营者们经常使用的炊具三件套。

1. 炊具三件套的作用

在网络搜索中，炊具三件套的定义并不是很明确，没有具体指出来是哪三件东西。但是，在露营中，炊具三件套主要是指炒锅、汤锅和烧水壶，如图4-8所示。

下面为大家分别介绍炊具三件套各自的作用。

（1）炒锅

在户外露营时，炒锅主要用来炒菜、煎东西等，如炒几个家常菜、煎蛋等。

（2）汤锅

汤锅主要用来制作汤类食物，如玉米排骨汤、紫菜蛋花汤、西红柿鸡蛋汤等。

（3）烧水壶

提到烧水壶，可能有的人会想，直接带一些矿泉水去不行吗？瓶装矿泉水的重量比较重，所以短期露营是可以的，但是中长期的话就不行了，特别是在冬天露营时，喝到热水很有必要。此外，烧水壶还能用来喝茶，享受露营生活。在户外露营时使用烧水壶烧水喝的好处有以下几点。

图 4-8　炊具三件套示例

❶ 杀菌：热开水可以杀菌，所以在野外或者露营地没有矿泉水时，可以拿烧水壶去接山泉水。注意千万不能直接生喝山泉水，容易感染病菌。

❷ 泡茶：烧水壶可以用来泡茶，对于喜欢喝茶的用户来说，烧水壶还是非常有用的，现烧现泡，在露营中享受泡茶的乐趣。特别是在冬季露营时，热茶能够暖胃，驱赶身体的寒冷。

❸ 消毒：烧水壶也可以用来清洗餐具和进行高温消毒处理。

2. 炊具三件套的选购

如果露营者想在露营行程中开火做饭，那么在选购炊具三件套时要考虑以下几个因素，具体内容如图4-9所示。

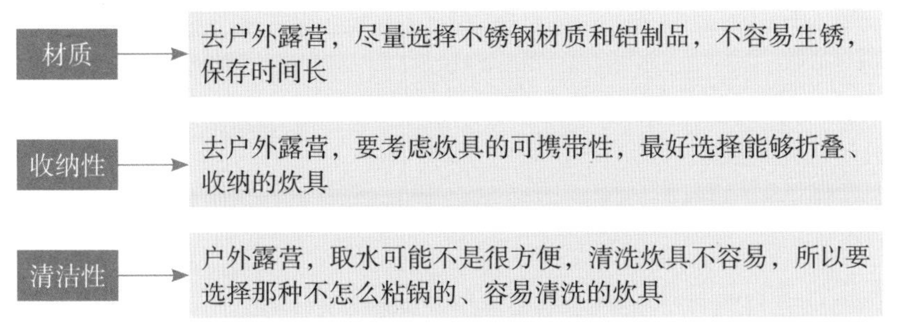

图 4-9　选购炊具三件套需要考虑的因素

3. 使用炊具三件套的注意事项

在露营中，使用炊具三件套时，有5个注意事项，具体内容如下。

❶ 及时清洗：使用完炊具三件套后，露营者一定要记得及时清洗，特别是夏天，非常容易产生细菌。

❷ 保持干燥：清洗完之后，露营者要记得及时晾干，保持炊具的干燥。

❸ 使用海绵：在清洗炊具三件套时，千万不要使用钢丝球，最好是用海绵或者清洗布，保护炊具。

❹ 按需制作：不要使用炊具三件套长时间盛放食物，包括烧开的水，最好是吃多少做多少，喝多少煮多少。

❺ 检查漏水：出发露营前，要检查炊具三件套是否漏水。

4.5 餐具套装

除了炊具，露营者去户外露营时还需要准备好餐具套装。餐具主要是指帮助人们接触食物的工具，是用来拿取和存放的用具。本节就来为大家介绍餐具套装的相关内容。

1. 餐具套装是什么

餐具主要可分为两大类，一类是容器，包括碗、碟、杯等；另一类是手持工具，包括刀、叉、筷子等。由于露营的人数、距离、个人爱好等不同，露营者可以选择携带符合自身需求的餐具。

但是，餐具套装中最不可缺少的就是餐刀和筷子了。下面，就来为大家介绍餐刀和筷子的相关内容。

（1）餐刀

考虑到是户外露营，所以在选择餐刀时首先要考虑它的便携性和锋利性，建议挑选轻一点、锋利一点的餐刀，并且要带有防护罩，这样实用性最强。

（2）筷子

在户外露营时，如果忘记带烧烤夹或者锅铲，也可以使用筷子替代。去户外露营时，最好选择具有隔热效果的筷子。

2. 餐具套装的选购

选购露营使用的餐具套装时，千万不能直接拿家里面用的，为什么呢？主要是因为家里面的餐具在购买时没有考虑过是否方便携带。所以，外出露营前，最好重新选购一套餐具。下面为大家介绍选购餐具套装的相关技巧。

❶ 轻便：餐具越轻便，行李就越轻松，外出露营就会越方便。

❷ 易收纳：餐具最好可以折叠收纳起来，这样就可以节省收纳空间。

❸ 实用：在追求轻便、易收纳后，露营者还要看餐具的实用性，看是否有用，如餐刀是否锋利、筷子是否能夹起东西等。

❹ 套装：购买餐具时，最好购买一整套，不仅方便、齐全，美观度也会更高，更适合拍照。图4-10所示为部分餐具套装示例。

图 4-10　部分餐具套装示例

3. 使用餐具的注意事项

外出露营使用餐具时，要注意以下几个相关事项。

❶ 消毒：在使用餐具前，要记得用开水消毒。

❷ 清洁：使用完餐具后，要及时清洁。

❸ 存放：清洗完刀、叉等餐具后，等其水分完全沥干后，就要立马把保护套套上，以防被小孩子碰到，发生危险。

★ 温 馨 提 示 ★

除了本章介绍的 5 种炊具餐具，还有一些炊具餐具可能也是大家需要的，如焚火台、烤盘、菜板、水桶等，由于页面限制，在此不再赘述，在露营时大家可以根据自身需求选择合适的炊具餐具。

第 5 章

6种睡眠装备，过夜休息少不了

在露营中，特别是需要过夜的露营旅程中，露营者们经常会用到一些睡眠装备，如气垫床、防潮垫、睡袋等。

本章就来为大家介绍在户外露营时常用的 6 种睡眠装备，帮助需要过夜的露营者改善睡眠环境，安稳地度过露营的夜晚。

5.1　气垫床

气垫床主要是指充气床垫，即可以通过打气来调节床垫的厚度。在过夜露营时，人们更加重视睡眠环境，但是又不能直接躺在防潮垫上面睡一整晚，因为第二天起来身体会很不舒服，因此可以准备一张气垫床。本节就来为大家介绍气垫床的相关内容。

1. 气垫床的作用

在户外露营，特别是中长期的露营旅程中，对睡觉环境是有一定的要求的。帐篷与地面相接，晚上直接这样睡会非常不舒服，但气垫床就可以解决这个问题，让露营者睡得更舒适。图5-1所示为气垫床示例。

图 5-1　气垫床示例

2. 气垫床的优缺点

介绍完气垫床的作用后，下面来为大家介绍气垫床的优缺点。

（1）优点

气垫床除了让睡眠环境更加舒适，还有很多其他的优点，具体内容如图5-2所示。

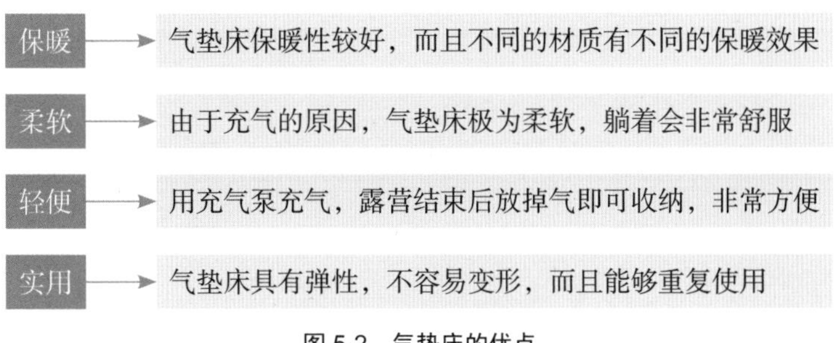

图 5-2　气垫床的优点

（2）缺点

在露营中，气垫床有一个缺点，就是如果被尖锐的东西刺破，就使用不了了。

3. 使用气垫床的注意事项

使用气垫床有4个注意事项，具体内容如图5-3所示。

材质	选择结实耐磨材质的充气床垫，能够提高重复利用性
收纳	充气床垫的收纳要按照说明书进行操作，以便收纳保存
保护	在露营时，一定要保护好气垫床，防范一些尖锐物品
充气	气垫床不能充气过足，特别是夏天，以免造成损坏

图 5-3　使用气垫床的注意事项

5.2　防潮垫

防潮垫是一种用来防潮的露营用品。在户外露营时，搭建帐篷后，一定不能缺少防潮垫。本节就来为大家介绍防潮垫的相关内容。

1. 防潮垫的作用

防潮垫，简单来说，就是铺在帐篷内帐最底下的一个垫子，用来隔绝地面和人体，如图5-4所示。

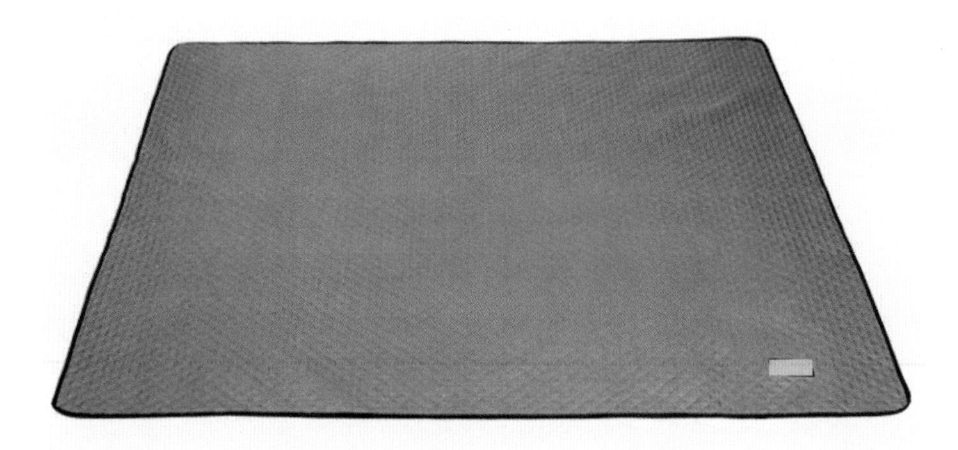

图 5-4　防潮垫示例

防潮垫在户外露营时非常重要，它主要有3个作用，如图5-5所示。

防硌	防潮垫能在一定程度上防硌，让睡觉环境变得更舒适
防潮	晚上，地面会很潮湿，防潮垫能防止湿气沾到人体上
保暖	隔绝人体与地面，减少人体热量损失，产生保暖效果

图 5-5　防潮垫的作用

2. 防潮垫的选购

在选购防潮垫时，露营者要关注3个要点，并从这3个要点出发，选择更适合自身情况的防潮垫。

❶ 帐篷大小：选购的防潮垫不要超过帐篷底部的面积。

❷ 使用环境：如果是凹凸不平的山地，最好选择厚一点的防潮垫。

❸ 体积重量：露营者要从自己的露营模式出发，来决定对防潮垫的体积和重量有没有要求。比如，自驾露营的话，露营者就不用太注意这个。

3. 使用防潮垫的注意事项

对于需要过夜的露营者来说，更需要准备防潮垫。因为早晨的水汽很多，如果没有防潮垫，很容易打湿帐篷中的物品，甚至将湿气传到身体上面，引起感冒。下面介绍使用防潮垫的注意事项。

❶ 选择：防潮垫最好选择稍厚一点的，不然很容易被地面上的草和石头硌到。

❷ 擦拭：铝膜防潮垫只需要用纸巾擦拭就能变得很干净，而且也不容易粘住东西。

5.3　睡袋

睡袋，顾名思义，是指睡觉时用的袋子，一般用于户外露营。本节就来为大家介绍睡袋的相关内容。

1. 睡袋的作用

在户外露营，睡袋可以充当被子使用，在过夜的时候提供一定的保暖效果。此外，睡袋还能防止蹬被子，露营者就不容易感冒。

2. 睡袋的优点

睡袋具有良好的保暖性，能使人体维持一种恒温的状态。特别是在冬季露营时，睡袋能有效供给人体舒适的温度，不容易着凉。图5-6所示为睡袋示例。

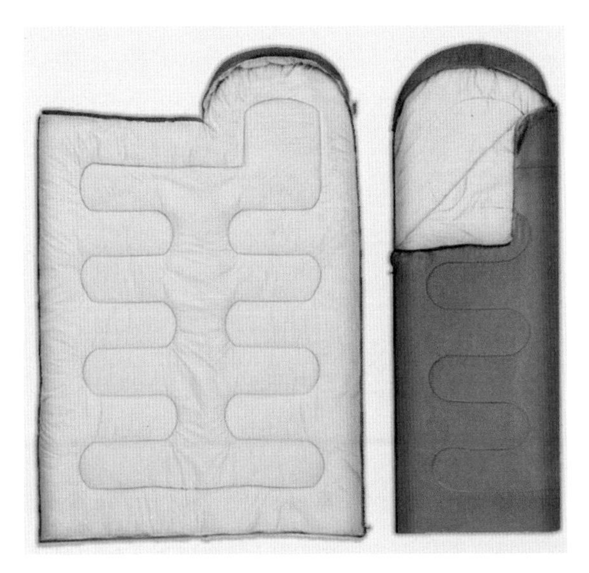

图 5-6　睡袋示例

3. 睡袋的缺点

除了上面介绍的优点，睡袋还有一些缺点，主要是空间有限，不能随便乱动，容易让人觉得闷。

4. 睡袋的选购

不同季节露营者们选择的睡袋也不同，如冬季户外的气温很低，需要特别注意保暖效果，所以就要选择保暖效果好的睡袋。

5. 睡袋的清洗

睡袋的清洗非常麻烦，尽量不要放在洗衣机里面清洗，可以选择手洗。下面介绍详细的清洗步骤。

❶ 将睡袋从里往外翻，拉上拉链。

❷ 将睡袋放入大的清洗池中，加入专门的清洗剂浸泡2～4小时（可以视睡袋的干净程度而定）。

❸ 完成浸泡后，用布擦洗睡袋的各个部分，尤其是自己出汗会污染的地方。

❹ 用手揉搓睡袋，清洗羽绒中的污垢，并进行反复冲洗。

❺ 冲洗干净后，慢慢地挤出水分。

❻ 自然晾干/风干，不要放到阳光直射的地方。

6. 睡袋内胆

睡袋内胆是指放在睡袋里面，用来隔绝人体与睡袋的小被子，能够防止人体分泌的汗液污染睡袋，也为了更好清洗，因为清洗内胆和清洗睡袋相比，前者会更容易。图5-7所示为睡袋内胆示例。

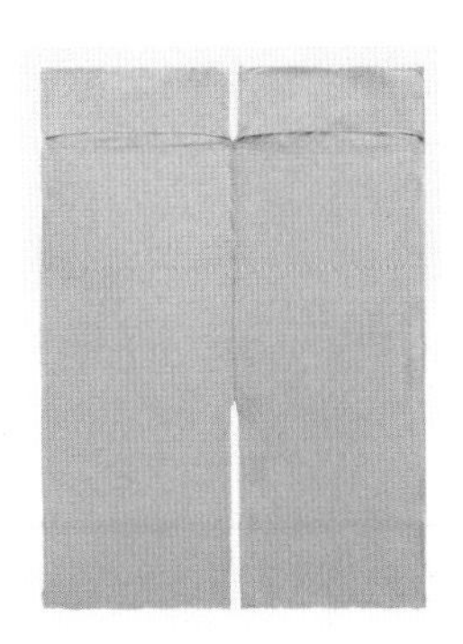

图 5-7　睡袋内胆示例

选择睡袋内胆时，要注意3个方面的内容，如图5-8所示。

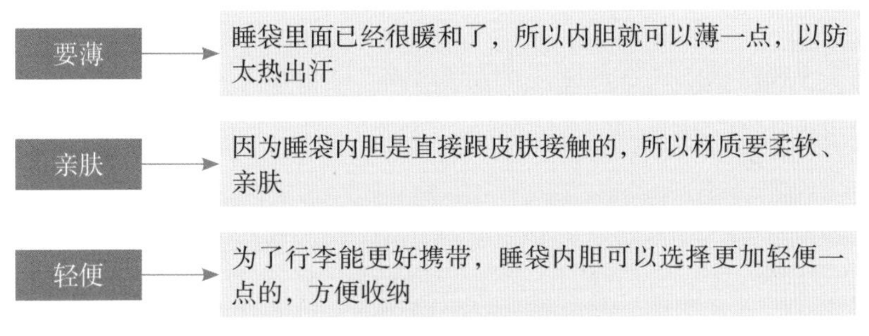

图 5-8　选择睡袋内胆的注意事项

7. 使用睡袋的注意事项

虽然睡袋是可循环利用的物品，但是也需要好好保护它。很多时候，在睡袋里面睡觉时还会出汗，不及时清洁很容易滋生细菌，甚至发霉。

而且，并不是所有的睡袋都洗得越勤越好，如棉质睡袋一年左右清洗一次，羽绒睡袋四年左右清洗一次即可。

5.4　毯子或被子

在露营中，可以准备一床毯子或者被子，在休息的时候披上，以防着凉。那

么，户外露营时对毯子或者被子有什么要求吗？本节就来为大家介绍毯子和被子的相关内容。

1. 作用

毯子和被子的主要作用是保暖，特别是在休息时间，可以用来披在身上，午休时也可以用来盖。图5-9所示为毯子示例。

图 5-9　毯子示例

2. 注意事项

携带毯子或者被子去露营时，要重视防潮，因为毯子和被子是不防潮的，所以尽量不要让它们被沾湿。

5.5　充气枕

在户外露营时，如果充气床垫没有自带的枕头，可以单独准备一个充气枕，让睡眠环境更加舒服。充气枕的主要特点为轻便、体积小、容易携带，而且还能够保护脊椎，如图5-10所示。本节就来为大家介绍充气枕的相关内容。

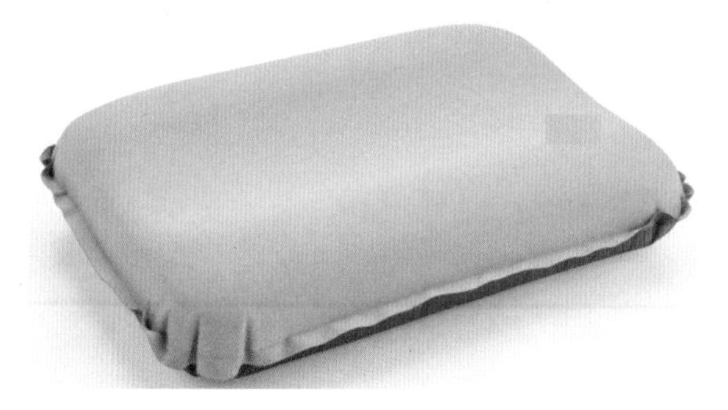

图 5-10　充气枕示例

1. 充气枕的收纳

充气枕的收纳非常方便，很适合外出携带，具体收纳步骤如下。

步骤01 将充气枕翻至背面，然后打开放气阀，利用充气泵抽掉气体，如图5-11所示。

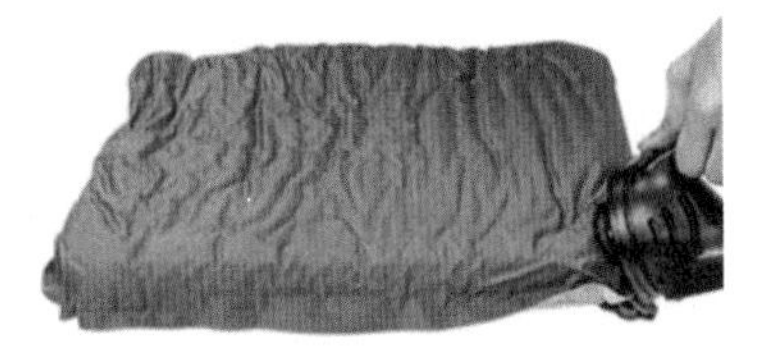

图 5-11　利用充气泵抽掉气体

步骤02 抽气差不多之后，快速关闭气阀，接着一边卷一边把剩余气体放出，如图5-12所示。

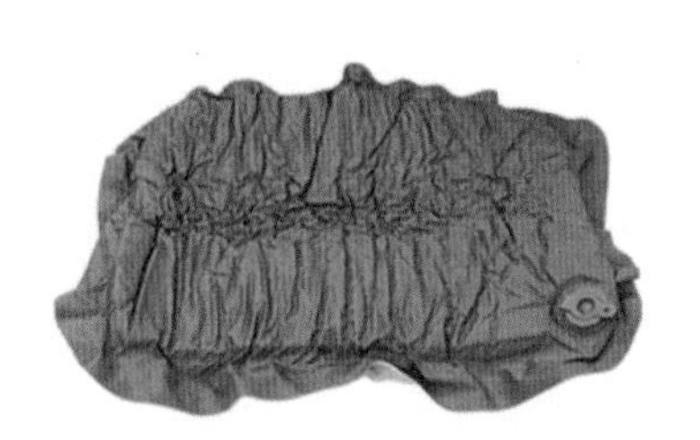

图 5-12　关闭气阀，将枕头卷好

步骤03 利用绑带将已经卷好的枕头绑住，最后放进收纳袋里面，如图5-13所示，即可完成收纳。

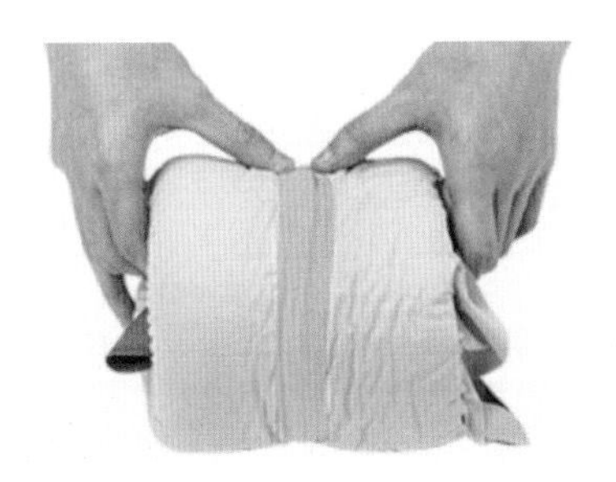

图 5-13　用绑带绑住枕头，放入收纳袋中

2. 使用充气枕的注意事项

在露营使用充气枕时，一定要将其远离尖锐的物品，以防充气枕被刺破，不能再使用了。

5.6 行军床

行军床一般是指供单人休息的可折叠床，如图5-14所示。行军床一般是不过夜露营的休息工具，用于午后小憩或者临时休息。因为它不适合整晚休息，没有保暖性，所以在需要过夜的露营中不太常用。本节为大家介绍行军床的相关内容。

图 5-14　行军床示例

1. 行军床的优点

如果露营时不准备过夜的话，就可以考虑行军床。行军床虽然不保暖，但是也有一些优点，具体内容如下。

❶ 折叠性好：收纳起来不占空间，能够轻松携带。

❷ 适合睡觉：折叠床离地面有很高的距离，会更适合睡眠。

❸ 实用性强：折叠床可以当作凳子使用，空间也很大。

2. 行军床的安装

行军床能够循环使用，安装起来很方便，具体安装步骤如下。

步骤 01 将两根长的圆管插入床面，如图5-15所示。

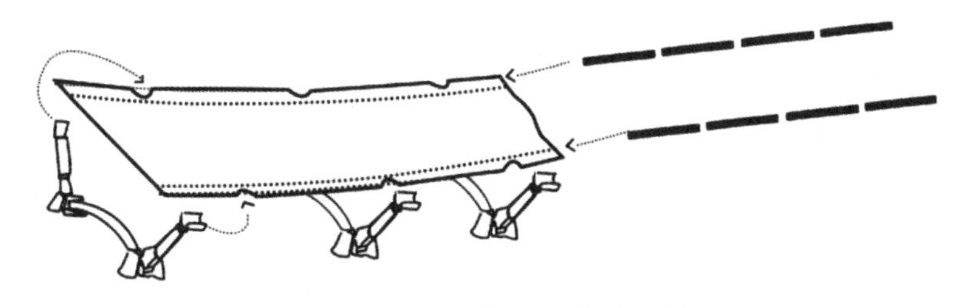

图 5-15　将两根长的圆管插入床面

步骤 02 用杠杆锁定支架的位置，把两个支架安装到圆管里并固定好，如图5-16所示。

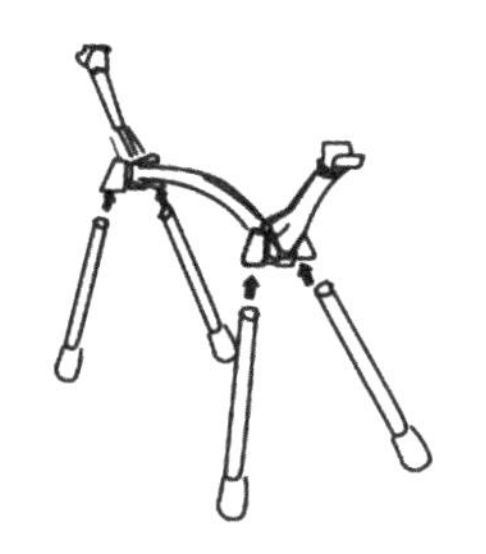
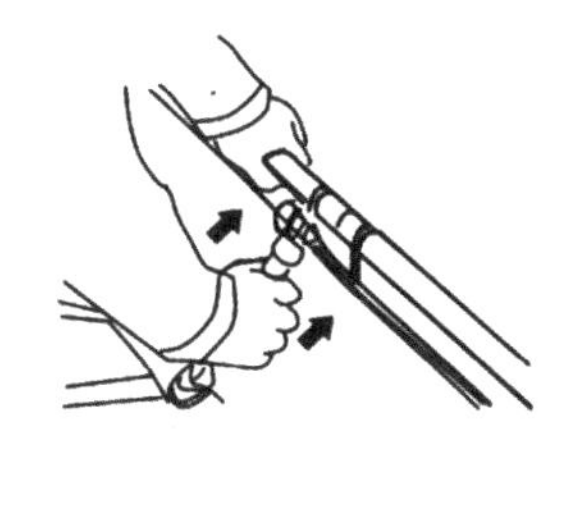

图 5-16　用杠杆锁定支架位置，并将支架安装固定到圆管里

步骤03 最后安装好所有的支架，即可完成安装，如图5-17所示。

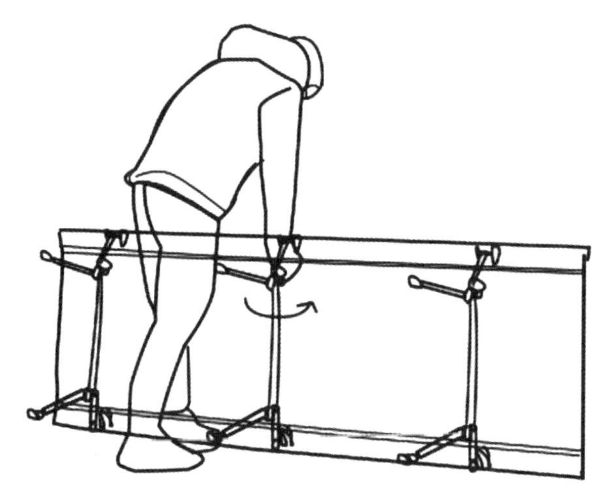

图 5-17　安装好所有的支架

3. 使用行军床的注意事项

使用行军床时，有一些注意事项，具体内容如下。

❶ 提前试用：选购牢固一点的行军床，买回来后记得先安装试用，并检查其弹力和稳固性。

❷ 选好位置：安装行军床时，记得选择一个平稳的位置。

★ 温 馨 提 示 ★

除了本章介绍的 6 种睡眠装备，还有一些睡眠装备大家可能也需要，如海绵垫、露营时的衣着等，由于页面限制，在此不再赘述，在露营时大家可以按自身情况和营地环境去选择和携带。

第 6 章

4种灯源装备，将露营氛围拉满

在户外露营时，夜间的光亮是极为重要的，不仅可以照亮周围环境，方便活动，还能营造氛围，让人沉浸式享受露营生活。

本章就来为大家介绍 4 种常见的露营灯源装备，包括头灯、小型手电筒、露营灯和氛围灯，帮助大家将露营氛围拉满。

6.1 头灯

头灯，从字面意思上看，就是戴在头上的灯。相较于手电筒来说，头灯的使用更加方便，能在露营时为露营者提供便利。本节就来为大家介绍头灯的相关内容。

1. 头灯的优点

头灯是露营时最受欢迎的灯源装备之一，如图6-1所示。

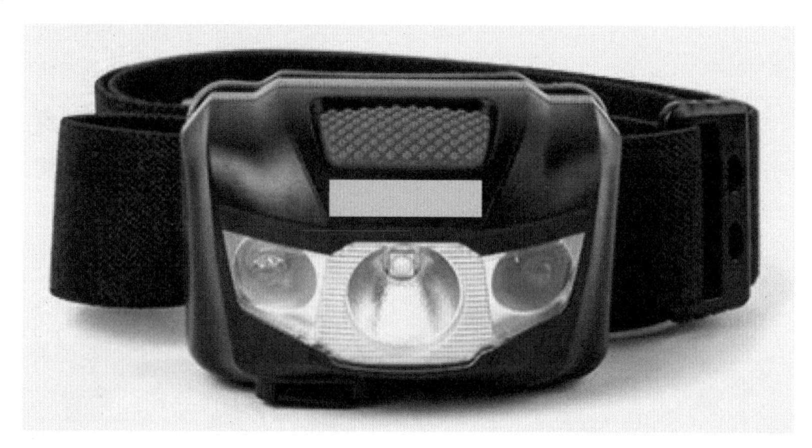

图 6-1　头灯示例

头灯的优点主要有3个，具体内容如图6-2所示。

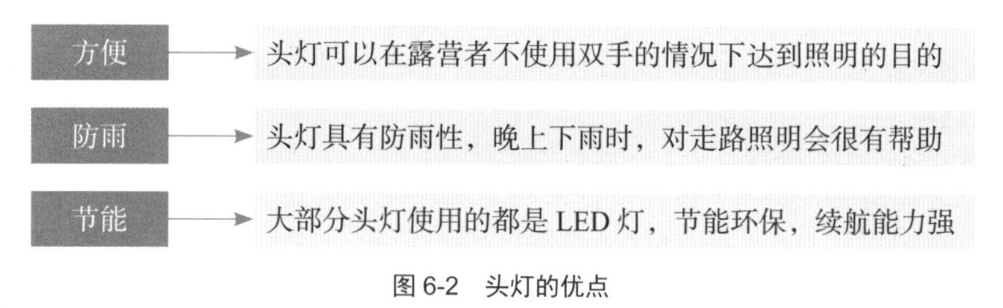

图 6-2　头灯的优点

2. 头灯的缺点

头灯在一般的户外露营场景中不太常见，主要原因是相较于小型手电筒来说，头灯不容易收纳和携带，而且头灯还需要戴在头上，一些注意形象的露营者可能不太想用，使用步骤变多了，有些人可能会觉得麻烦。

3. 头灯的选购

露营者在选购头灯时，要从以下两个方面考虑。

❶ 续航：在户外露营，特别是一些荒无人烟的环境，如果害怕野兽突袭，就需要在帐篷前面挂上一盏灯，这时续航能力就非常重要了。

❷ 重量：由于头灯是戴在头上，尽量要选择比较轻的头灯，不然会不舒服。

4. 使用头灯的注意事项

❶ 勿照人眼：在户外露营使用强光头灯时，千万记得不能直射人眼，以防发生危险。

❷ 放于阴凉处：不用头灯时，记得将其放在阴凉干燥的地方，防止其生锈。

❸ 检查电量：在出发露营前，记得要提前检查头灯的电量，避免露营中途出现电量不足的情况。

❹ 取出电池：露营回去之后，记得取出电池，避免电池仓被腐蚀。

❺ 远离水源：虽然说头灯具有一定的防水效果，但是也不能将其直接浸入水中，所以要远离水源，以免发生意外。

6.2　小型手电筒

露营的夜晚，特别是远离居民区的地方都会特别黑，这时候照明工具尤为重要。除了头灯，小型手电筒也可以提前准备好，露营者可以从行程的轻便性出发，按需求携带。本节就来介绍小型手电筒的相关内容。

1. 小型手电筒的优点

露营者可以准备一个小型手电筒，如图6-3所示。

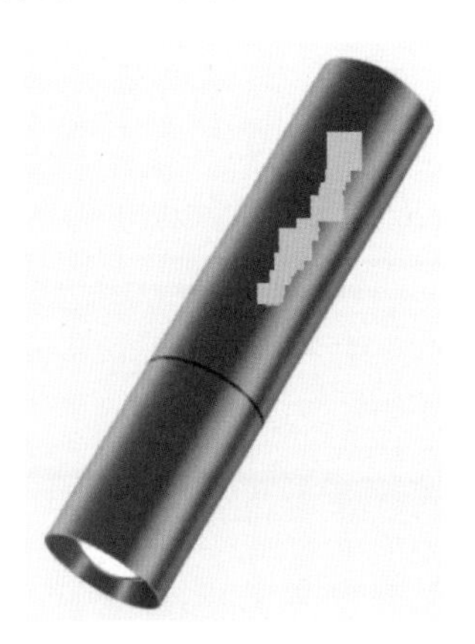

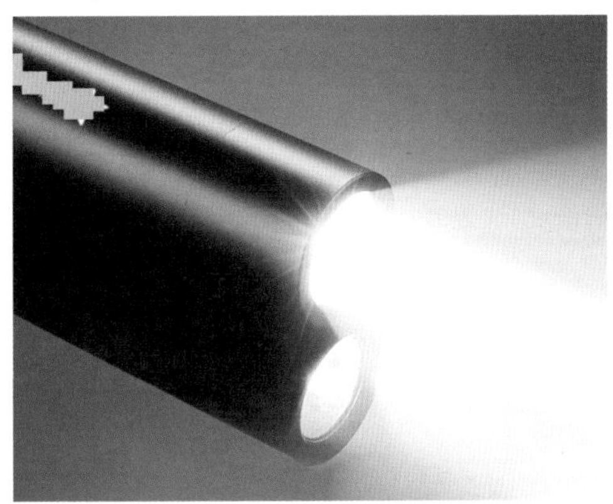

图 6-3　小型手电筒示例

露营前准备小型手电筒，主要有以下两个优点，如图6-4所示。

轻便 → 小型手电筒非常轻便，容易携带，不会给行程增加压力

聚光 → 小型手电筒极为聚光，被照射的地方可以看得很清晰

图 6-4　小型手电筒的优点

2. 小型手电筒的缺点

小型手电筒的缺点就是需要一直用手拿着，否则就不能稳定控制光线的方向，如果双手拿的东西比较多，就很不方便。

3. 小型手电筒的选购

根据小型手电筒的优缺点，建议露营者们在选购时关注以下两个方面的内容，以便选购到自身满意的手电筒。

❶ 有绳子：选择带有绳子的小型手电筒，避免丢失和掉落。

❷ 带电池：在一些营地中，缺乏电力供应，所以购买小型手电筒时，最好选择那种可以换电池的。在出发露营前，露营者可以准备好备份电池，以此来防止手电筒出现没电这一突发情况。

4. 使用小型手电筒的注意事项

户外露营时，使用完了的电池千万不要随意随地丢弃，因为会产生污染，破坏大自然。而且，也不要将手电筒的光束直射人眼，可能会导致其眩晕、暂时性失明等后果，甚至伤害视网膜。

6.3 露营灯

户外露营的夜晚，最不可缺少的就是照明工具，每一个喜爱露营的人都知道户外晚上灯光的重要性。一般出去露营可以带两种灯，一种是露营灯，另一种是氛围灯，它们的侧重点不一样，但是都有同一个作用，就是给营地的夜晚带来光亮，为露营者提供方便。本节就来为大家介绍露营灯的相关内容。

1. 露营灯的作用

露营灯是露营时的照明工具，如图6-5所示。对于需要过夜的露营者来说，露营灯是必不可少的物品，晚上的行动都可以依靠露营灯进行下去，所以准备一个露营灯极为必要。

图 6-5　露营灯示例

在露营时，露营灯主要有两个作用，如图6-6所示。

提供光亮	→	露营灯可以给营地和帐篷提供光亮，具有照明的效果
营造氛围	→	露营灯的光是放射式的，能够营造出一种浪漫的氛围

图 6-6　露营灯的作用

2. 露营灯的优点

露营灯是露营者外出露营时非常受欢迎的照明工具，主要是因为它的3个优点，具体内容如下。

❶ 光源稳定：露营灯的光源非常稳定，能为在营地休息或者是做饭、上厕所、玩游戏等进行照明。

❷ 实用性强：与头灯和小型手电筒相比，露营灯既可以手提，也可以悬挂，还可以平稳地放置在桌子、地面上，并且不会出现光线不稳定的情况，适用的场景范围更广，实用性更强。

❸ 颜值较高：有一部分露营者对露营灯的颜值要求比较高，想要拍一些美美的照片。此时，露营灯不失为一种好的选择。

3. 露营灯的缺点

介绍完露营灯的优点后，下面就来为大家介绍它的缺点。

❶ 不易收纳：露营灯不易折叠，所以在出发露营前，不好收纳。

❷ 不好携带：与头灯和小型手电筒相比，露营灯不容易携带，更多的是将其专门放置在一个平稳的地方。

4. 露营灯的选购

在露营灯的选购上，需要注意以下几点内容。

❶ 续航能力：露营者要关注露营灯电池的续航能力，续航时间越长越好。一般的露营灯都是采用Type-C进行充电，所以需要提前准备好备份电源。户外露营时最好不要选择只可以太阳能充电的露营灯，因为天气不可预测，所以要做好万全准备，以防出现意外情况。此外，露营者也可以直接选择装电池的露营灯。

❷ 防水性能：露营者要选择防水性能好一点的露营灯，以防雨天。而且，还需要区分防水的层级，最好是按照天气条件去选择。

❸ 照明亮度：露营者最好选择可以调节色温的LED灯（Light-Emitting Diode Light，也称为发光二极管），能根据自身需求来进行调节，在需要照明的情况下调亮，需要氛围的时候稍稍调暗一点。

❹ 露营灯架：露营者最好选择一种带挂钩或者有提手的露营灯，方便手提，能够随时移动。有需要的话也可以配备一个露营灯架，将露营灯悬挂在上面，这样就能够照亮高一点的地方，如图6-7所示。

图 6-7　露营灯架示例

6.4　氛围灯

氛围灯是晚上露营时不可或缺的氛围“制造机”，想象着在满天繁星的夜空下，家人或好友围坐在自己身边，而身后不断闪烁着亮光，就像在漫天的星河下，萤火虫在空中飞舞，画面肯定特别温馨。本节为大家介绍氛围灯的相关内容。

1. 氛围灯的作用

氛围灯不是露营时的必备选项，但是它的作用却又不可替代。图6-8所示为氛围灯示例。

图 6-8　氛围灯示例

氛围灯的主要作用有两点，具体内容如下。

❶ 进行照明：氛围灯可以用来照明。

❷ 营造氛围：将氛围灯围在天幕或帐篷上面，能营造出氛围感。

2. 氛围灯的优点

氛围灯的主要优点是小巧，容易收纳和携带，而且美观度非常高，很适合拍照。

3. 氛围灯的缺点

氛围灯的主要缺点是有时候中间会突然坏一个灯泡，如果明显的话，整体看上去就不好看了。而且，不能只用氛围灯来照明，因为会看不清楚。

4. 氛围灯的选购

氛围灯可以挂在天幕或帐篷上，也可以放在草地上，摆成圆圈的形状，然后大家一起围坐在里面玩游戏、讲故事等，很有氛围感。关于氛围灯的选购，主要有两个内容需要注意，具体如下。

❶ 款式：氛围灯最好选择电池款，不需要进行充电，更为方便。

❷ 形状：除了圆形的氛围灯，也可以购买一些特殊形状的氛围灯，像星星、月亮或者小鸭子等，如图6-9所示。

图 6-9　小鸭子氛围灯示例

5. 使用氛围灯的注意事项

使用氛围灯时，露营者需要注意以下两个事项。

❶ 辅助光源：氛围灯也能用来照明，只是亮度没有露营灯大。但是，氛围灯的数量多，照亮的范围会更广，能起到辅助灯的作用，如图6-10所示。

图 6-10　起辅助光源作用的氛围灯

❷ 正常安装：氛围灯安装在天幕和帐篷上面时，不要绕得太奇怪了，否则露营结束后，不容易取下来。

★ 温 馨 提 示 ★

除了本章介绍的 4 种灯源装备，还有一些灯源大家可能也需要，如煤油灯、取暖灯等装备，由于页面限制，在此不再赘述，在露营时大家可以按照自身需求和营地环境去选购。

第 7 章

6类日常用品，露营必备物品清单

在户外露营时，有露营者不能缺少的 6 类日常用品，主要包括户外电源、急救包、卫生用品、护肤用品、垃圾袋、风扇和暖宝宝，这些物品在露营旅途中极为实用。本章就来为大家详细介绍这 6 类日常用品，帮助大家在露营时解决日常用品选择的问题。

7.1 户外电源

户外电源，顾名思义，是一种在户外可以使用的储存电源，有Type-C、USB（Universal Serial Bus，通用串行总线）等多个接口，可以对多种设备进行充电，而且非常稳定，是户外无常规电源情况下最常使用的充电形式。本节就来为大家介绍户外电源的相关内容。

1. 户外电源的优点

户外电源可以选择大小，但一般情况下体积较大，如图7-1所示。

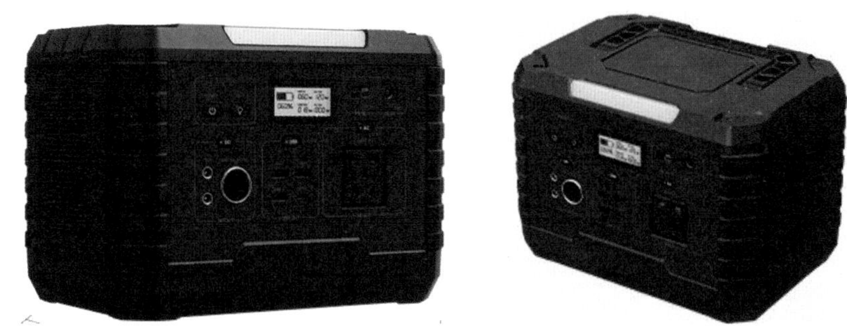

图 7-1 户外电源示例

户外电源的主要优点是可以供电，缓解露营者的用电需求。外出露营准备一个户外电源，就不用担心没电了，其可以用来给各种电器供电，如图7-2所示。

图 7-2 使用户外电源煮饭

2. 户外电源的缺点

户外电源的缺点是太重，露营者们不容易移动和携带，如果是自驾露营，可以装载户外电源。

3. 户外电源的选购

在选购户外电源时，有3个需要注意的事项，具体内容如图7-3所示。

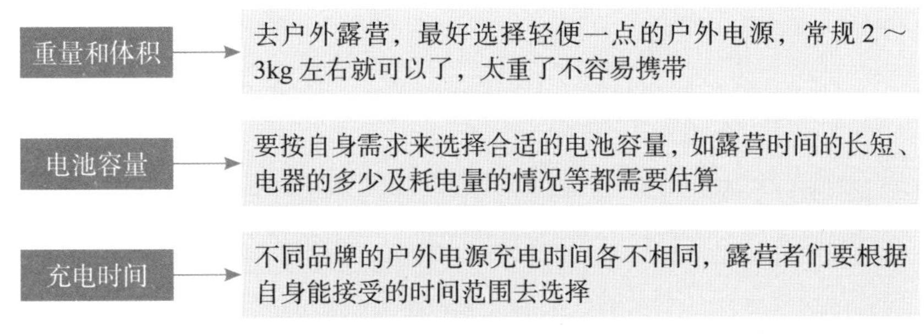

图 7-3　选购户外电源时的注意事项

4. 使用户外电源的注意事项

在露营时使用户外电源，一定要注意安全，特别要注意下面一些内容。

❶ 存放环境：存放环境应该有通风效果，避免长时间的暴晒与潮湿。

❷ 使用方式：不要剧烈抛掷、撞击户外电源，要平稳地将其放置在平地上，以免发生安全隐患。

❸ 使用温度：户外电源的使用环境不宜过高和过低，最佳使用温度大约在0～40℃之间。

❹ 出游方式：户外电源比较重，体积也比较大，所以更适合自驾游出行。

5. 充电宝

充电宝也是一种可以在户外使用的电源，但是它的容量比较小，只能用来充手机、平板等小物件。

（1）充电宝的优点

充电宝的优点主要有3个，具体内容如下。

❶ 易携带：充电宝小巧，容易携带。

❷ 续航强：充电宝虽然小巧，但是续航能力较好，一般市场上的充电宝可以连续使用很多次，如能给手机充电3～4次。如果是短期露营的话，露营者就可以选择携带充电宝。

❸ 能兼容：现在市面上的大部分充电宝都适用于所有的手机和平板。

（2）充电宝的缺点

与手机的原充电器相比，充电宝的缺点是不能达到快充的速度。

（3）充电宝的选购

因为在户外露营时没有电力供应，所以选择一个好的充电宝非常有必要，选购技巧如下。

❶ 大容量：最好选择大容量的充电宝，以便多次使用。

❷ 大品牌：因为是给手机、平板等物品充电，所以更需要注意安全，选择一个好品牌，会有一定的品质保障。

7.2 急救包

去户外露营前，准备好一个急救包非常重要，因为在户外难免会发生意外，所以需要提前做好一些准备。本节就来为大家介绍急救包的相关内容。

1. 急救包的作用

急救包主要是指用于露营、探险等场景的紧急救助药品包，主要作用是第一时间进行急救处理，缓解伤情的恶化。图7-4所示为急救包示例。

图 7-4 急救包示例

2. 急救包的选购

急救包的选购可以从3个方面考虑，具体内容如下。

❶ 容量：急救包的容量要能放下大多数的急救药品。

❷ 颜色：急救包的颜色最好显眼一点，能够让人在紧急情况下一眼就从营地中找到，如大红色等。

❸ 药品：急救包的选购要看药品的齐全性，尽量选择药品比较全的急救包。

❹ 质量：急救包的质量要好，以免出现药品被损坏的情况。

3. 急救包中药品的选择

急救包内应该提前备好一些紧急常用药，具体内容如下。

❶ 感冒用品：如感冒药、退烧贴、体温计等。

❷ 消毒用品：如消毒酒精、碘伏等。

❸ 急救用品：如创可贴、纱布、棉签、烧伤药、止痛药等。

❹ 驱蚊用品：如青草膏、花露水等。

如果怕麻烦或者不知道放什么药品时，也可以选购自带药品的急救包，如图7-5所示。自带药品的急救包内的药品都是在有效期内的，但是在出发露营的前几天还是要仔细检查一下，有备无患。

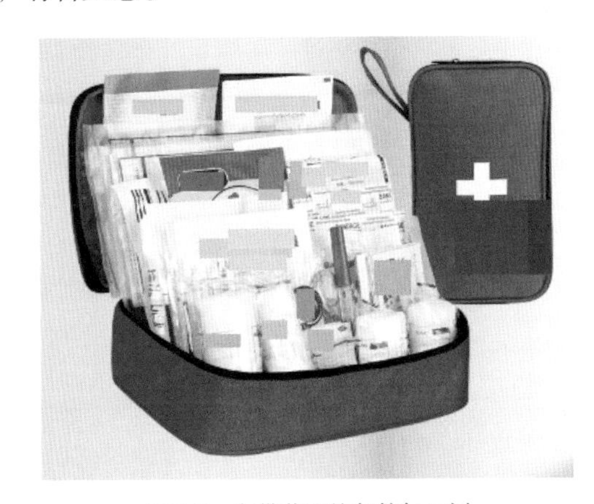

图 7-5　自带药品的急救包示例

4. 急救包中药品的摆放

急救包中药品的摆放也有技巧，如瓶装的液体药应该放置在急救包的下面，一些冲剂之类的药以及棉签、创可贴等急用药品应该放在急救包的最上面。

就像天气一样，没有人能准确预报到底是晴天还是雨天，在户外磕磕碰碰十分常见。就像越过草丛时，可能会被刮伤；夜晚睡觉时，可能会被蚊虫叮咬；使用刀具时，可能不小心被划伤；不小心淋到雨时，可能会感冒等。为了有效处理这些突发情况，或者说为了将事件发生后的伤害性降到最低，露营时一定要携带一个急救包，不要贪图轻便而不拿。

5. 使用急救包的注意事项

发生意外时，要使用碘伏擦拭伤口。因为碘伏的刺激性非常小，更适用于擦拭伤口，而且它对伤口有消毒杀菌的作用。碘酒虽然也有消毒杀菌的作用，但是由于其刺激性很大，所以不能直接接触伤口，甚至可能会增加伤口的愈合时间。

7.3 卫生用品

出发露营前，还需要准备一些卫生用品，因为户外条件有限，洗澡、上厕所会受到环境的限制，所以准备一些一次性的卫生用品很有必要。本节就来为大家介绍卫生用品的相关内容。

1. 一次性卫生用品主要有哪些

如果露营者要带一次性卫生用品，那么应该带什么东西呢？下面就来介绍具体的内容。

（1）一次性内裤

在户外露营时，特别是去人烟较为稀少的地方，洗澡后的衣裤换洗就成了一个很大的问题，特别是夏天的时候。现在，市面上可以买到一次性内裤，不仅非常方便，而且还很实用。

（2）一次性袜子

除了一次性内裤，还有一次性的袜子，也是露营者在户外不能缺少的物品之一。

（3）一次性尿袋

露营离不开上厕所，但是在户外上厕所不是很方便，这时就可以准备一些一次性尿袋。一次性尿袋是指一次性的应急尿袋，是一个移动厕所，能够让出行变得更加轻松、方便。图7-6所示为一次性尿袋示例。

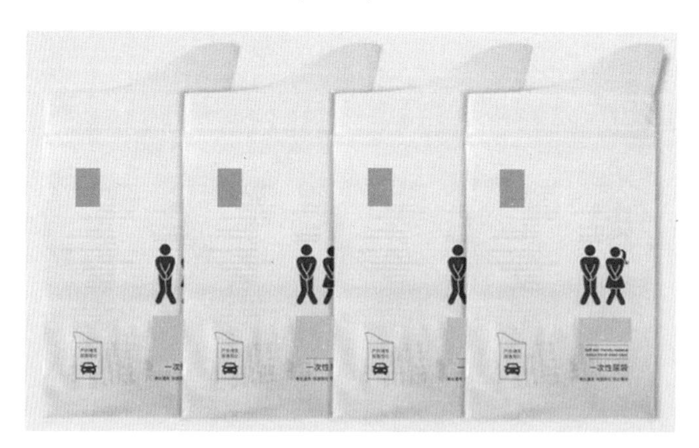

图 7-6　一次性尿袋示例

（4）一次性压缩毛巾

户外露营讲究轻便，特别是去离家较远的地方露营，带毛巾很不方便，而且如果露营时的天气不好，毛巾也干不了，容易滋生细菌。所以，携带一些一次性的压缩毛巾很有必要。

2. 一次性卫生用品的作用

一次性卫生用品的主要作用就是让露营生活更为方便，如一次性尿袋，就可以解决露营者在户外如何上厕所这一问题，可以随时随地应急。而且，现在市面上大部分的一次性尿袋都有“固化尿液”的作用，可以迅速吸收水分，使其凝固，从而使户外露营生活更加方便。

3. 一次性卫生用品的优缺点

在户外使用一次性卫生用品，有优点也有缺点，下面将分别介绍。

（1）优点

一次性卫生用品的主要优点是卫生，因为一次性卫生用品都是分开包装的，使用时不容易受到污染。此外，一次性卫生用品很轻薄，容易携带。

（2）缺点

一次性卫生用品的主要缺点是不能循环使用，只能使用一次，所以露营者在出发前，可以准备足够量的一次性卫生用品。

4. 一次性卫生用品的选购

露营时一次性卫生用品的选购，要从露营者的需求和其作用出发。比如，露营者如果不用过夜的话，一次性袜子、内裤等物品就可以选择不带；如果需要过夜，就最好选购那种质量比较好的一次性用品，特别是一次性内裤这种非常贴身的用品。

5. 使用一次性卫生用品的注意事项

在户外露营时，使用一次性卫生用品，露营者要注意以下相关事项，具体内容如图7-7所示。

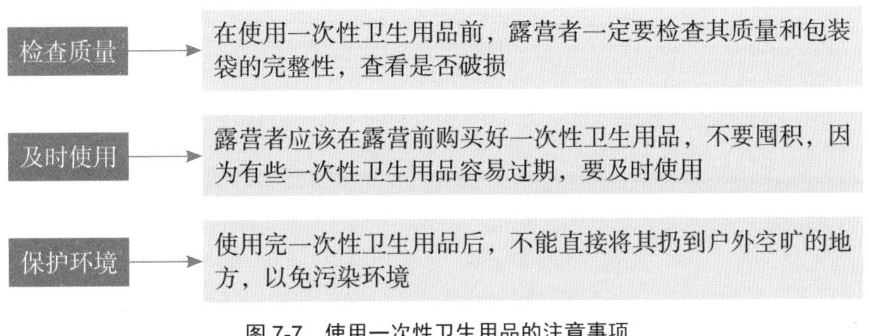

图7-7　使用一次性卫生用品的注意事项

7.4 护肤用品

去户外露营前，特别是中长期的露营，需要准备一些护肤用品，如防晒、爽肤水等，以免被户外的太阳晒伤皮肤。本节就来为大家介绍护肤用品的相关内容。

1. 护肤用品主要包括哪些

去露营应该准备哪些护肤用品，主要从露营者的需求、露营时长、露营的季节和天气等方面考虑。其中，防晒用品是最应该准备的；其次，在使用防晒前的水乳也可以准备，特别是秋冬季时。

2. 护肤用品的作用

护肤用品的主要作用是护肤，如水乳等用品就可以用来防止皮肤皲裂等，而防晒用品则可以减少紫外线对皮肤的伤害，减轻被晒黑、晒伤的风险。

3. 护肤用品的携带

考虑到露营需要轻便，所以大部分露营者会觉得这些东西很重，不想带。因此，露营者可以考虑将其分装，即用一些空瓶子，将护肤用品分装，如图7-8所示，只需要携带露营期间需要的用量即可。

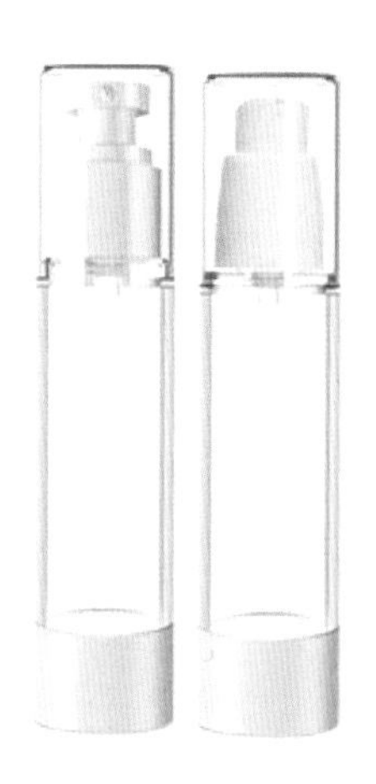

图 7-8　分装瓶示例

4. 使用护肤用品的注意事项

外出露营，如果露营者需要携带护肤用品的话，就要注意其封闭性，即不能让液体流出来，以免弄脏其他露营物品，清洁起来也不方便。

7.5 垃圾袋

无论是短期露营，还是中长期露营，都可以准备一些垃圾袋，用来装垃圾。本节为大家介绍垃圾袋的相关内容。

1. 垃圾袋的作用

垃圾袋的主要作用是收纳垃圾，主要是露营时会产生的一些食物垃圾，如零食包装袋、瓜皮果屑等。等露营结束后，就可以直接将垃圾袋带走，避免污染环境。

2. 垃圾袋的类型

垃圾袋主要可分为两种类型，即抽绳式和背心式，如图7-9所示。抽绳式垃圾袋更适合放置于垃圾桶内，而背心式垃圾袋放置在垃圾桶和挂在垃圾袋支架上都可以。

图 7-9 抽绳式垃圾袋和背心式垃圾袋示例

3. 垃圾袋支架

垃圾袋是没有支撑点的，而且很容易被风吹走，所以户外露营时，露营者可以另外准备一个垃圾袋支架，让露营者更方便地丢垃圾，而不用每次都手动去调整袋口。图7-10所示为垃圾袋支架示例。

4. 垃圾袋的选购

露营不比家里，风吹日晒，所以选择垃圾袋时要选择质量更好一点的，防止在装一些比较重的垃圾时，袋子出现破损的情况。

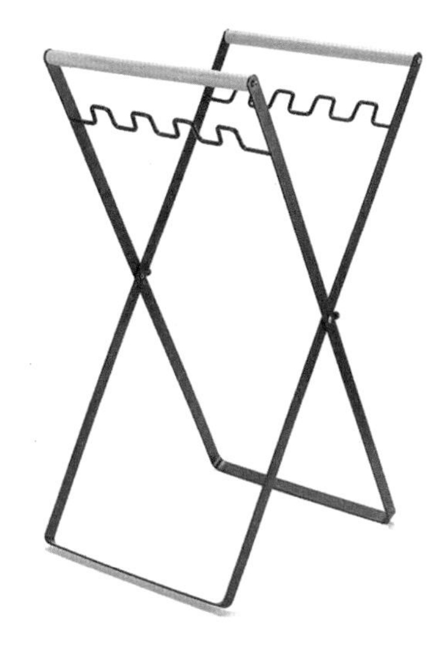

图 7-10　垃圾袋支架示例

5. 使用垃圾袋的注意事项

在户外使用垃圾袋时，装到其2/3的位置即可，这样更方便露营者之后的收口，也能防止垃圾溢出来。

7.6　风扇和暖宝宝

在户外露营时，还有两种日常用品可以纳入露营者的考虑范围中，那就是风扇和暖宝宝。本节就来为大家介绍风扇和暖宝宝的相关内容。

1. 风扇

风扇主要是在夏季露营时，露营者们会考虑携带的物品，主要作用是加速空气流通，进而达到降温的目的。下面为大家介绍相关内容。

（1）风扇的选购

在夏季外出露营时，露营者最好携带风扇，这样可以缓解炎热，但是在选购时要从以下几个方面去选择。

❶ 续航力：在户外充电不方便，在选择风扇时要考虑其续航能力。

❷ 携带性：风扇的体积、大小越轻便，就越适合在露营时使用。

❸ 其他功能：现在市面上大多数风扇都有很多其他功能，如照明、USB充电等。

（2）使用风扇的注意事项

在户外使用风扇时，要注意以下事项。

❶ 记得定时：夜晚长时间使用时，不要把风扇直对着头部吹，容易感冒。可以给风扇定时，因为白天跟夜晚温差较大，晚上会凉快很多，长时间吹风扇容易不舒服。

❷ 远离小孩：使用风扇时，千万要远离小孩，以防发生危险。

2. 暖宝宝

暖宝宝主要是冬季露营时会用到的物品，能够用来取暖，缓解冬季的寒冷。下面为大家介绍相关内容。

（1）暖宝宝贴在哪里

暖宝宝可以贴在身体最容易冷的部分，如肚子、脚底和膝盖等，可以快速让身体暖和起来。

（2）暖宝宝的适用人群

露营者千万要注意，孕妇和婴儿是不能使用暖宝宝的。此外，皮肤极为敏感的人群也要谨慎使用。

（3）使用暖宝宝的注意事项

在露营时使用暖宝宝，要注意以下事项。

❶ 远离皮肤：露营者不要直接将暖宝宝贴在人体皮肤上，而且也不要在同一个位置长时间使用暖宝宝，以免造成烫伤。

❷ 勿同时使用：在户外过夜时，最好不要在使用取暖工具的同时，还贴着暖宝宝睡觉，容易引起慢性烫伤。

★ 温 馨 提 示 ★

除了本章介绍的关于露营的6类日常用品，还有一些大家可能会需要的，如防晒衣、防晒帽、纸巾等用品，由于页面限制，在此不再赘述，在露营时大家一定要选择最为实用的物品。

第 8 章

12个露营技巧，把露营玩到极致

去户外露营时，有许多小技巧是需要露营者们引起重视的，如营地天气查询技巧、营地用火注意事项、营地夜间防范技巧、帐篷的清洁与收纳技巧等。

本章就来为大家介绍 12 个露营技巧，帮助大家平安、顺利地度过自己的露营旅程，把露营玩到极致。

8.1 露营时天气如何查询

出发露营前，一定要知晓目的地的天气情况，这样才能有后面的一系列准备，因为晴天跟阴雨天需要准备的内容是有很大区别的。本节就来为大家讲解露营时的天气应该如何去查询。

1. 天气查询软件

查询营地天气情况，除了手机自带的天气软件外，露营者还可以下载一些较为专业的App，如莉景天气App。

在莉景天气App中，露营者可以查询到指定目的地（营地）的天气情况、温度、风速、能见度等内容。图8-1所示为莉景天气App的“首页”界面。

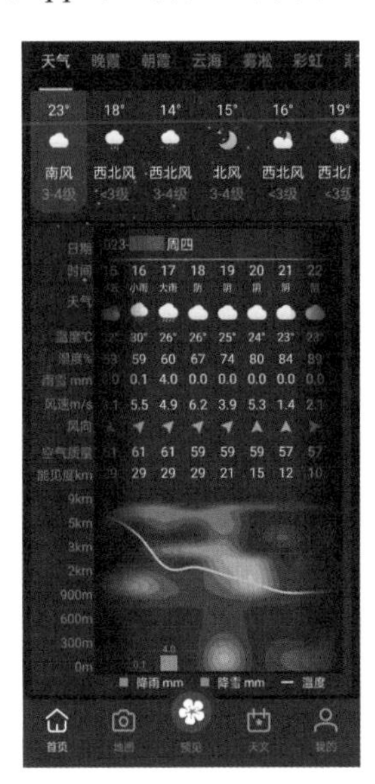

图 8-1 莉景天气 App 的“首页”界面

2. 查询时间范围

出发露营前，露营者要对营地当天一周左右的天气有一定的了解，因为天气变化快，要实时了解情况，以便随时变更露营计划。如果是长期露营，则需要对其两周内的天气进行查询。

3. 注意事项

露营前，特别是自驾游，记得要提前查看驾驶途中及目的地的天气状况。比如，露营者准备开车去山区露营，如果遇到下大雨或者大雪封山的情况，如图8-2所示，此时就不建议去了，因为危险系数很高，我们无法预测那里的具体情况，所以在行程开始之前，露营者就应该了解当地的天气情况。

图 8-2　大雪封山

8.2　露营日程计划表

如果想要充分利用好露营的时间，露营者可以为本次的露营制定一个日程计划表，将每天、每个时间段内需要做的行程都列出来。本节就来为大家介绍露营日程计划表的相关内容。

1. 制定露营日程计划表

露营日程计划表更适用于中长期的露营行程，因为如果露营只有半天或者一天，时间可能来不及，因此也不太需要计划表。表8-1所示为露营日程计划表示例，露营者可以从该表中汲取灵感，制定出适合自身情况的计划表。

表 8-1　露营日程计划表示例

时间段	具体活动	备　注
9:00 ~ 10:00	看日出、吃早餐	吃面包、煎鸡蛋等
10:00 ~ 11:00	自由活动	桌游、飞盘运动等
11:00 ~ 13:00	分工准备午餐、吃午餐	洗菜、准备食材等
13:00 ~ 14:00	午休	回帐篷休息
15:00 ~ 17:00	集体活动	—
17:00 ~ 19:00	准备晚餐、吃晚餐	洗菜、准备食材等

续表

时间段	具体活动	备　　注
19:00 ~ 19:30	收拾碗筷	—
19:30 ~ 21:30	自由活动	—
21:30 ~ 23:00	集体活动	看电影等
23:00	回帐篷睡觉	—

2. 注意事项

制定露营日程计划表时，露营者们需要注意以下事项，具体如图8-3所示。

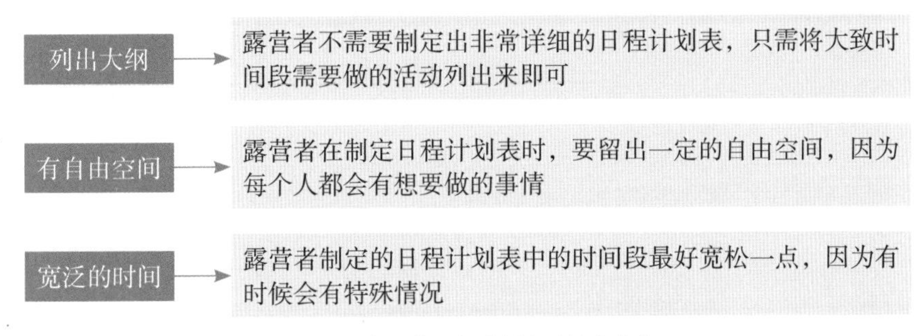

图 8-3　制定露营日程计划表时的注意事项

8.3　用露营清单来查漏补缺

外出露营有时候装备太多就特别容易忘记携带，此时可以准备一个露营清单来查漏补缺。

在露营出发前，露营清单可以用来清点所有需要携带的物品，它能够保证重要物品不会缺失，而且在露营结束后，还可以利用这份清单来清算物品，不将物品遗漏下来。

8.4　安全露营地如何选择

对于露营来说，不管你是在车里休息还是搭帐篷睡觉，选择一个安全的露营场地是极为重要的。

上海建工

1. 平坦的地面

户外露营时，不管是搭建帐篷或是停车，都应该选择在平坦的地面上“落脚”。主要原因有3点，具体内容如下。

❶ 稳固车体：平坦的地面可以平衡车体，使得车子不容易滑动，而且如果搭建帐篷的话，也会更加稳固，睡在平坦的地面上也会更加舒服一些。

❷ 稳定餐具：在平坦的地面可以进行野炊，摆放餐具也会更加稳定。

❸ 分散雨水：下雨时，雨水不会堆积在帐篷所在处。

因此，在户外露营时，一定要选择平坦的地面进行驻扎，特别是需要过夜的时候，如图8-4所示。

图 8-4　在平坦的地面进行驻扎

2. 远离水源

虽然说烹饪区离水源近很重要，但是如果在水源边过夜，还是存在一定的安全隐患，如果只能在靠近水源的地方搭帐篷，那帐篷离水源要有一定的距离，地势要比水高，而且尽量选择上游区域，避免发生危险，如图8-5所示。

水源地的好处就是用水充足、方便，但是在夏天时蚊虫也会比较多，各种昆虫的声音会很大，可能会影响入睡。

为了防止晚上河水突然涨潮或者水库放水，在靠近水源的地方搭帐篷时最好不要过夜。

图 8-5　在靠近水源的地方搭建帐篷

3. 远离树木

如果你是选择去丛林里面露营，就可以忽略这一点，因为大概率躲避不了树木。如果是去其他地方露营，尽量选择周围没有树木的地面搭建帐篷。特别是那种快要倒的枯树，下雨时特别容易被风吹倒，如果倒在帐篷上面就危险了。

另外，树木过高，如果还下雨的话，就特别容易引雷，为了避免这些危险，建议大家还是尽量选择远离树木的场地驻扎营地。

4. 有阳光照射

在冬季露营，气温通常都比较低，所以需要选择一个早上能被太阳照到的地方扎营。因为早上是人体最怕冷的时候，如果有太阳的照射，就会减少寒冷的感觉。

在夏季露营时，气温通常都比较高，尤其是中午的时候非常炎热，所以要选择背光的地方扎营。夏天的早晨，在太阳还没出来之前就已经非常热了，所以为了避免被热醒，可以选择背光处的地方去扎营。不过，如果想早点起来又怕起不来的露营者，也可以选择去能被太阳照射到的地方扎营。

5. 远离悬崖

外出露营，千万不要在悬崖旁边驻扎营地，它的危险系数很高。悬崖周围的风很大，帐篷很容易被吹倒。所以，不要选择在悬崖周围露营。

6. 靠近村庄

如果是自己单独出去露营，携带的东西很有可能会缺失，所以在选择营地时，可以选择靠近村庄的地点。一旦有突发事情，可以尽快寻求到帮助。

7. 远离高山

不要选择在高山上驻扎营地，特别是雨季，容易发生危险。高山上下雨时，不仅会伴随着打雷、下暴雨，还会刮大风，这些都不利于露营。

8. 防晒、防风、防野兽

露营地的选择，特别是夏天的时候，最好能防风防晒，这样休息的时候会更加安全、舒服。防止野兽也是露营者需要注意的，可以仔细观察营地的周围是否有野兽活动过的痕迹，或者是相关的巢穴等。

8.5　烹饪区如何搭建

露营时，吃是露营者们非常关注的内容，特别是那些想要自己动手做饭的露营者，烹饪区的搭建是非常重要的。本节就来为大家介绍烹饪区搭建的相关技巧。

1. 防风

在营地搭建烹饪区时，露营者要考虑营地周围的防风性，特别是需要注意风向，不要在迎风处搭建烹饪区，防止出现火被吹灭、食物沾上灰尘等问题。

2. 防火

在搭建烹饪区时，露营者要选择可以防火的地方，如周围树木特别茂盛、干燥，这种地方就绝对不可以，因为会很容易起火，产生危险。

3. 选择位置

烹饪区要选择在平坦、开阔的位置。

4. 规避危险

烹饪区要远离某些易燃物品，如帐篷、睡袋等，而且在使用燃气生火时要注意通风，避免热源接近帐篷或者易燃物品。此外，露营者们还要严格按照操作步骤和安全规范来搭建烹饪区，不要冒险行动。

5. 注意卫生

营地烹饪区的卫生问题非常重要，露营者们最好准备足够的清洁用品，如洗洁精、纸巾、湿巾等，保持工具、桌面、地面清洁，避免交叉感染。

6. 注意环保

烹饪区的搭建也要考虑环保问题，尽可能使用环保的燃料和烹饪用具，避免使用一次性餐具和塑料袋等不可降解物品。

总之，烹饪区的搭建需要考虑多方面的因素，做好充分的准备和安全措施，才能在户外享受美食的同时保证安全和卫生。

8.6 露营用火如何注意

火，作为露营中极为重要的一个因素，它可以给营地带来光亮与温暖，但同时也存在一定的安全隐患，所以露营者在营地用火时，一定要极为注意。本节就来为大家介绍露营用火的相关技巧及注意事项。

1. 生火准备工作

露营者在用火前，需要先生火。下面就来介绍生火的一些准备工作。

（1）准备工具

露营者在生火前，要准备一些工具，具体内容如下。

❶ 生火：如打火机、火柴等物品，可以用来点燃火种。

❷ 控火：如火圈、火盆、盖子等物品，能够用来控制火势及范围。

❸ 隔热：如火钳、隔热手套等物品，可以防止被烫伤。

（2）选择地点

露营者在选择生火地点时，要注意以下3个方面的内容。

❶ 远离树木：因为树木容易被火点燃，且火势极难控制，所以要选择远离树木的生火地点。

❷ 靠近水源：生火地点靠近水源，取、用水都很方便，如果不小心起火了，能够及时地扑灭大火。

❸ 远离帐篷：生火地点要远离帐篷等易燃物品，将生火地点设置在下风口，最好是背风处，这样就算有风，也不会将火吹到帐篷那边去。

（3）准备材料

露营者在准备生火材料时，一定要注意以下几个方面的内容。

❶ 准备：生火之前，露营者还需要准备一些引火的材料，它们的特性是容易被点燃，如报纸、薄木屑、树皮等。

❷ 选择：只有干燥的树枝、木块才能被点燃，所以露营者在捡柴火时一定要选择干燥的材料。

❸ 购买：现在有一部分营地中可以直接购买柴火，以及生火的材料。

2. 盛放火种的工具

在露营时用火，要选择一个合适的盛放火种的工具，如露营中最常使用的焚火台，如图8-6所示。

图 8-6　焚火台示例

焚火台在露营中的作用有两个，具体内容如下。

❶ 隔开地面和火种：焚火台可以隔开地面和火种，既能保护地面，又能更好地燃烧柴火，特别是在阴雨天的户外，直接将火种放到地面是很难点燃的。

❷ 降低发生危险的概率：在柴火燃烧完全后，留下来的灰烬也有引燃的效果，如果被风吹开，引燃周围干燥的树叶就很危险。但是，焚火台中的灰烬会被完整地保留着，露营者们可以等其完全熄灭、冷却后再进行处理，这样就能够很好地降低发生危险的概率。

3. 用火注意事项

在露营中用火，有很多注意事项，具体内容如下。

❶ 提前了解：一些露营地有用火方面的要求，露营者们一定要提前了解这些规则和相关限制，做好攻略，不要违反营地的用火规则。

❷ 征得同意：露营者在生火前要征得营地管理人员的同意，提前沟通。

❸ 仔细检查：晚上睡觉前，一定要仔细检查火堆或者焚火台，看是否完全熄灭，只有完全冷却后才能离开。

❹ 实时监管：在火没有烧完之前，一定要有人看着，且中途也不能离开，要等火完全燃烧完以后方可离开。

❺ 及时报警：如果发生火灾，记得立即拨打119消防报警电话。

❻ 避免烫伤：在添柴的时候，露营者最好戴上隔热手套，并使用火钳助力，可以避免皮肤被烫伤。

❼ 用水扑火：如果在用火途中突然起火，记得要用水去扑灭，沙子和泥土灭火不彻底，存在一定的安全隐患。

❽ 捡小块柴火：烧柴火时，最好捡一些较小块的柴火，这样更容易完全燃烧。

8.7　营地夜间安全如何防范

在营地过夜，夜间的安全应当引起重视，露营者需要掌握一些实用技巧来防范自身的安全。本节就来介绍营地夜间防范安全的相关技巧。

1. 帐篷靠在一起

在帐篷比较多的情况下，可以把女性群体的帐篷放置在营地中间，而且帐篷尽量靠在一起。

2. 在帐篷上挂灯

在户外露营，夜间最怕有野兽，可以在帐篷上面挂一盏灯，野兽一般怕光，所以不会轻易靠近帐篷。

3. 在营地周围撒药

除了野兽，户外的夜晚，蛇虫鼠蚁也是非常可怕的，露营者要关好帐篷，而且可以在营地周围撒一些药，这样能在一定程度上保护自己。

4. 准备防身的东西

露营者可以准备一些防身的东西，放置在帐篷内自己一醒来就可以拿到的地方，如防狼棒、木棒等。

5. 记得熄灭篝火

夜间准备睡觉前，露营者一定要记得熄灭篝火，否则很容易发生危险。

8.8　露营遇到恶劣天气怎么办

前面已经讲过，在露营前，最好提前查询营地的天气情况。但是，俗话说“天有不测风云”，软件预测不可能100%准确，那么在露营时如果遇到了恶劣天气应该怎么办呢？本节就来介绍相关技巧与应对方法。

1. 大风天

在露营时遇到大风天，露营者可以按照下面的技巧进行防范，具体内容如图8-7所示。

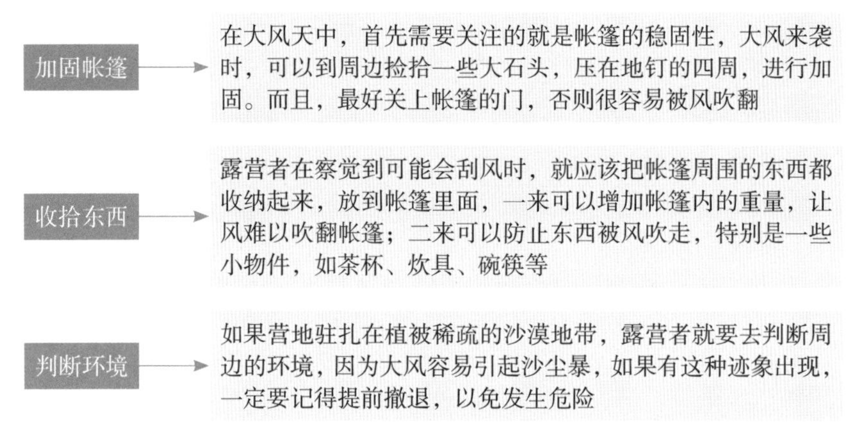

图 8-7　大风天防范技巧

2. 暴雨天

在露营时突遇暴雨天气，露营者更要时刻注意，以防发生意外，具体技巧如图8-8所示。

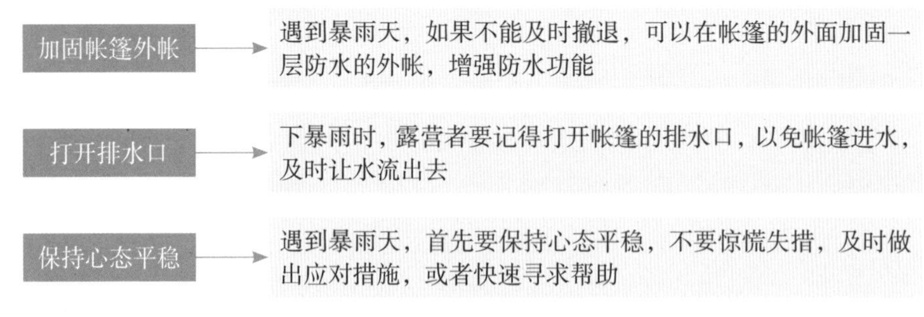

图 8-8　暴雨天防范技巧

其实，在遇到恶劣天气时，露营者最重要的就是要保持冷静，这样才能准确、及时地做出应对措施。而且，如果露营者觉得可能会发生危险的话，就应该快速撤退，尽快寻找避难所。

8.9 帐篷使用过后如何清洁

即使没有碰到大风天、暴雨天等恶劣天气，帐篷还是可能会沾上灰尘、泥土等东西，所以使用完帐篷之后，一定要对其进行清洁。那么，应该如何来清洁呢？本节将为大家介绍一些帐篷的清洁技巧与方法。

1. 清洁技巧

在清洁帐篷前，有一些技巧可供参考，具体内容如下。

❶ 准备工具：准备好温水、一个专门清洁帐篷的海绵（用来清洗帐身）和牙刷（用来清洗帐篷的拉链部位）。

❷ 清洁到位：先用海绵清洁帐身，记得要清洁到位，特别是角落处，更容易藏匿泥土、沙子等东西。

❸ 温水擦拭：拆卸后的地钉、撑杆，记得要用温水擦拭干净。

2. 清洁注意事项

在清洁帐篷时，还有一些注意事项，具体内容如下。

❶ 勿用清洁产品：一般情况下不要使用清洁产品，容易损伤帐篷的面料。

❷ 清洗拉链处：一定要清洗拉链处，因为可能存在泥土和小石子，会磨损拉链的寿命。而且，若是在沙漠等沙尘极多的地方，露营者最好每天都清洁一遍拉链处。

❸ 记得手洗：千万不能直接将帐篷放进洗衣机、烘干机里面，容易加速面料磨损，让涂层失效。

❹ 完全浸泡：如果帐篷很脏的话，可以先将帐篷完全浸泡在温水中，时间大概是1小时。

❺ 观察帐身：在清洗的过程中，露营者要时刻观察帐篷，看是否有破损的地方，方便晾干之后及时修补。

❻ 晾干收纳：清洗完的物品要等其完全晾干后，才能收纳起来。

8.10 帐篷如何收纳

上节介绍了帐篷的清洁技巧，接下来讲解如何收纳帐篷。本节就来为大家介绍帐篷的相关收纳技巧。

1. 收纳帐篷的技巧

收纳帐篷其实没有统一的步骤，最实用的就是按照自己搭建的步骤反向去收，这样最方便、快捷和顺手，如图8-9所示。

图 8-9　收纳帐篷示例

下面为大家介绍一些收纳帐篷的小技巧。

❶ 记得检查零件：收纳帐篷时，帐篷上面的小零件一定要放在同一个地方，而且要及时收纳起来，以免丢失。

❷ 要从外往内收：帐篷的收纳也有一个大致顺序，要跟搭建帐篷的顺序（从内往外）反过来，即从外往内收。

❸ 对照教学视频：露营者可以对照教学视频进行收纳，这样会更快速。

2. 收纳帐篷的注意事项

在收纳帐篷时，露营者还需要注意一些事项，具体内容如图8-10所示。

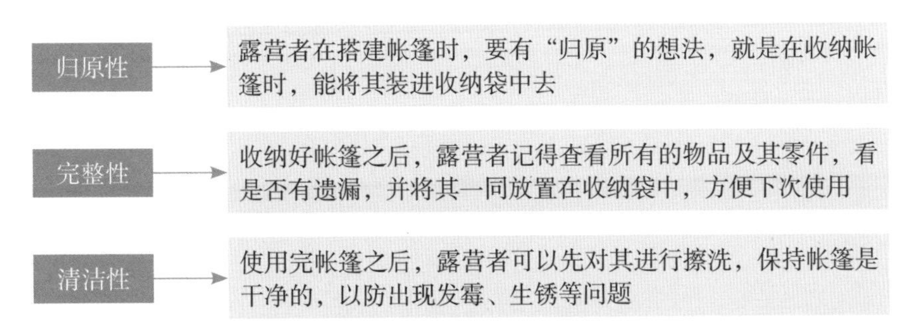

图 8-10　收纳帐篷的注意事项

8.11 营地如何装饰

在感受大自然的同时，露营者会格外享受露营生活，而能让露营者放松身心的一个方法就是——装饰好营地。本节就为大家介绍装饰营地的相关技巧。

1. 物品摆放整齐

装饰营地最重要的一点就是将物品摆放整齐，让整体看起来非常有条理、整洁，视觉上会很美，如图8-11所示。

图 8-11　营地物品摆放整齐示例

2. 物品摆放有序

在摆放露营物品时，露营者要摆放有序，即将每样物品都摆放到专门的位

置上去，如水杯、碗筷等就可以放到桌子上面，枕头、被子等就要放到帐篷床垫上面。

3. 装氛围灯

在帐篷和天幕的上面装一些氛围灯，在晚上的时候会格外好看，能够营造氛围感，带给露营者们浪漫之感。

8.12 雷雨天露营睡帐篷是否安全

很多露营者都在想，如果在露营时碰上了雷雨天气，那么睡在帐篷里面是否安全呢？又应该如何来防范呢？本节来为大家介绍相关技巧与方法。

1. 避雷小建议

雷雨天睡在帐篷里面，不如其他天气那么安全，主要原因是帐篷的制作材质具有导电性，如果帐篷被雷电击中，电流会通过帐篷传导到人体上，对人体产生一定的危险。如果不可避免需要在雷雨天去露营，下面有一些建议。

（1）不要成为区域高点

要想在雷雨天时不被雷电击中，最直接的方法就是不要成为那个区域的高点，通俗来说，就是将自己的帐篷搭建在整体地势较低的位置，同时还要记得远离高的建筑和植被。

（2）及时寻找避雷地点

雷雨天露营，在帐篷中并不安全，所以一旦开始打雷，露营者最好尽快离开帐篷，寻找其他安全的避雷地点。

2. 注意事项

在雷雨天露营并睡在帐篷里是不安全的，露营者最好不要在雷雨天去露营，如果是在露营途中突遇雷雨天，要及时离开帐篷，找到新的避雷点。

如果没有找到新的避雷点，可以蹲下，缩小身体，而且要记得不要接触金属等具有传导性的物品。

★ 温 馨 提 示 ★

除了本章介绍的 12 个露营技巧，还有一些小技巧，如什么时候到营地、如何在小雨天安心露营等，由于页面限制，在此不再赘述，希望大家在露营时保护好自己、家人和朋友。

第 9 章

6类露营食谱，唯有美食不可辜负

在露营时制作一份美食，不仅仅是味蕾的享受，更是心与心的交流。即使制作的料理非常简单，但最重要的是那一份不可替代的心意。

本章就来为大家介绍 6 类露营食谱，帮助大家在享受露营生活的同时，体验到独一无二的美食。

9.1 速热食品

中长期的露营离不开速热食品，速热食品主要是指经过自带发热包的简单加热，就可以直接食用的食品。现在市面上最为常见的速热食品就是自热火锅、自热煲仔饭、自热酸辣粉等。本节就为大家介绍速热食品的相关内容。

1. 速热食品的优点

速热食品不需要通过用电和用火的方式进行加热，只需将自带的发热包与冷水混合，就能够持续产生热量，将食物加热。在露营中，速热食品的优点主要有4点，具体内容如图9-1所示。

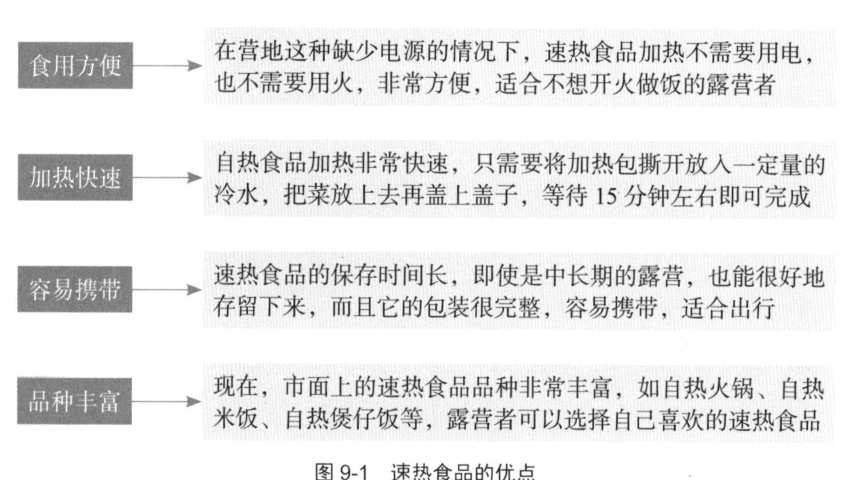

图 9-1　速热食品的优点

2. 速热食品的缺点

除了上面讲的优点，速热食品也有一些缺点，具体内容如图9-2所示。

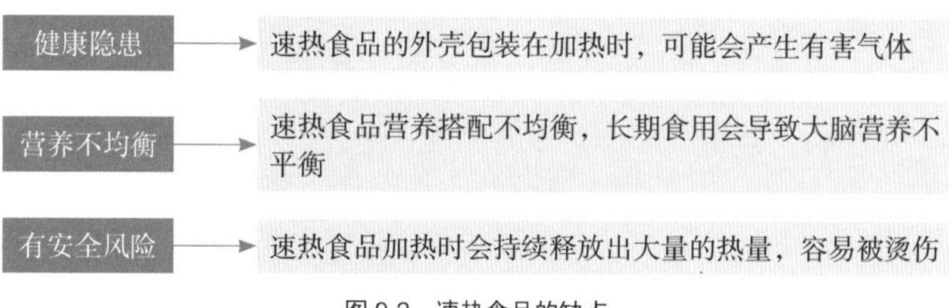

图 9-2　速热食品的缺点

3. 速热食品的种类

市面上的速热食品的种类非常多，不仅有自热火锅，还有一些自热米饭、自热煲仔饭等，可以让人们自由选择。外出露营时，如果露营者不想携带炊具出去，就可以购买一些速热食品，省力省时。下面就来介绍速热食品中最常见的两大种类。

（1）自热小火锅

火锅原本就非常受欢迎，而在露营中，因为环境、食材和工具等的限制，使得一部分露营者不想在露营时吃火锅，自热小火锅的出现就可以解决这一问题。图9-3所示为自热小火锅示例。

图 9-3　自热小火锅示例

（2）自热煲仔饭

在户外吃上米饭也是非常不容易的，所以自热煲仔饭在露营中也很受欢迎，而且它还有非常多的菜品。图9-4所示为自热煲仔饭示例。

图 9-4　自热煲仔饭示例

4. 速热食品的加热步骤

不同品牌、种类的速热食品的加热步骤可能会有一些细小的差异，但是“万变不离其宗”，速热食品加热的主要步骤还是相同的。下面以加热自热煲仔饭为例，为大家介绍详细的加热步骤。

步骤 01 首先，拆开自热煲仔饭的外壳包装，取出里面所有的配料包，将蔬菜包、饭包和水包分别倒入餐盒中，如图9-5所示。

图 9-5　将蔬菜包、饭包和水包倒入餐盒中

步骤 02 执行操作后，撕开自热包外面的透明包装袋，将其放置在外盒的最下面，加入凉水（不能超过注水线），如图9-6所示。

图 9-6　放入自热包并加注凉水

步骤03 执行操作后，露营者要迅速将餐盒放置在外盒的上面，并盖上盖子，如图9-7所示。

图 9-7　盖上盖子

步骤04 执行操作后，将菜包放置在盖子上面（注意千万不能堵住排气孔），如图9-8所示。

步骤05 执行操作后，等待15分钟左右（或者等沸腾的声音慢慢停下来），即可打开盖子，将菜包、汁包倒进去，如图9-9所示，搅拌之后即可开吃。

图 9-8　将菜包放置在盖子上面

图 9-9　倒入菜包和汁包

5. 享用速热食品时的注意事项

在户外露营时，享用速热食品有许多需要注意的事项，具体内容如下。

（1）享用前

在享用速热食品前，要注意以下几个方面的内容。

❶ 遵守规则：加热食品前，一定要提前阅读食品外包装盒上的说明书，并严格按照上面的要求和步骤来进行操作。

❷ 勿遮排气孔：在加热时，千万不能遮挡住排气孔，否则容易导致盒内压力过大，引起爆炸。

❸ 加入凉水：加到自热包上的水一定要是凉水，千万不能是热水，因为会导致食品加热过快，使得自热包受热膨胀，引起危险。

❹ 放置平稳：在加热时，记得将其放置在平稳的木质餐桌上，最好不要放在玻璃制品上面，因为如果是玻璃制品的话，容易出现玻璃破裂的现象。

❺ 远离儿童：制作过程中，要远离儿童，以免烫伤。

（2）享用时

在享用速热食品时，要注意以下几个方面的内容。

❶ 注意蒸汽：加热完成后，在打开盖子前，要注意高温蒸汽，以免烫伤。

❷ 及时就医：如果被烫伤了，若没有出现破皮的现象，要立即用流动清水进行冲洗，再敷药，露营结束后，去医院就医；如果是大面积烫伤，就需要立即就医。

（3）享用后

在享用完速热食品后，自热包要等其完全冷却后再丢弃，否则容易被烫伤，特别是要注意儿童，以免其拿着玩耍。

9.2　压缩饼干

在中长期的露营中，食物的储存时长极为重要，这就不得不提到压缩饼干了。本节就来为大家介绍压缩饼干的相关内容。

1. 压缩饼干的优点

什么是压缩饼干？在百度百科中，其解释为“压缩饼干是以小麦粉、糖、油脂、乳制品为主要原料，经冷粉工艺调粉、辊英烘烤、冷却、粉碎、外拌，可夹入其他干果、肉松等辅料，再压缩而成的饼干。”

简而言之，压缩饼干非常顶饱，且体积很小，其在露营中的优点如图9-10所示。

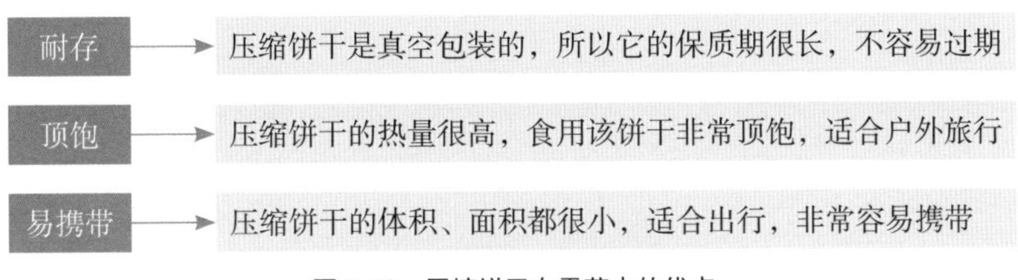

图 9-10　压缩饼干在露营中的优点

2. 压缩饼干的缺点

压缩饼干容易携带，得益于它的体积小、重量轻，如图9-11所示，是中长期露营行程中可以备用的食物之一，能用来应急。

图 9-11　压缩饼干示例

那么，除了优点，压缩饼干也有缺点。下面就来为大家介绍压缩饼干的缺点，具体内容如图9-12所示。

营养价值低 → 压缩饼干营养价值不高，长期食用容易导致身体营养不良

热量极高 → 压缩饼干的热量非常高，长期食用容易导致身体变得肥胖

口感不足 → 压缩饼干非常干，每吃一口需要配上一口水，容易造成便秘

图 9-12　压缩饼干的缺点

3. 食用压缩饼干的注意事项

食用压缩饼干时，要注意以下几个事项。

❶ 适量：压缩饼干一次性不要吃太多，容易造成便秘。

❷ 配水：压缩饼干最好不要长时间食用，在户外露营时，露营者可以用它来充饥，但是不能每一餐都吃它，容易导致营养不良。而且，在食用时最好是一口饼干一口水，不然会很干。

❸ 储存：压缩饼干最好储存在避光、防潮、阴凉处。

9.3 三明治

在短中期的露营中，露营者们可以带三明治去，不仅美味，而且方便、快捷。本节就来为大家介绍三明治的相关内容。

1. 三明治的优点

三明治主要由几片面包和几片肉、奶酪、青菜等组成，非常简便，如图9-13所示。

图 9-13 三明治示例

在露营中，三明治主要有以下几个优点，如图9-14所示。

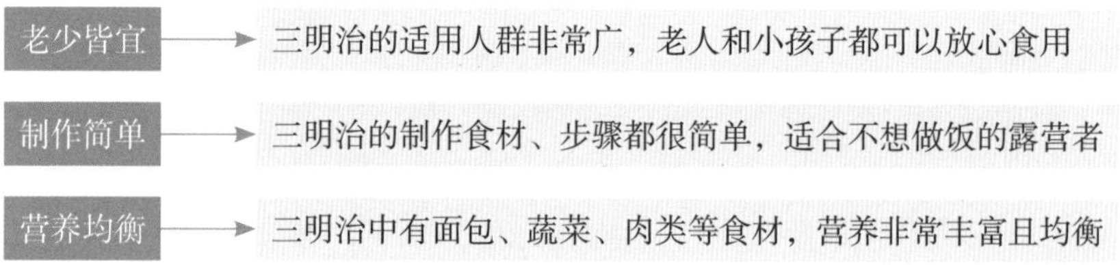

老少皆宜 → 三明治的适用人群非常广，老人和小孩子都可以放心食用

制作简单 → 三明治的制作食材、步骤都很简单，适合不想做饭的露营者

营养均衡 → 三明治中有面包、蔬菜、肉类等食材，营养非常丰富且均衡

图 9-14 三明治的优点

2. 三明治的缺点

三明治的优点有很多，但是其缺点也不少，具体内容如下。

❶ 不易保存：三明治中的奶酪、面包、蔬菜、肉等都是不能长时间保存的食

材，所以在露营时要快点吃完，不然容易发霉，特别是在夏天露营的时候，最好是当天就吃完。

❷ 冷食：三明治是冷食，肠胃不舒服的露营者最好不要吃太多，容易拉肚子。

3. 热三明治的制作技巧

前面已经提到过，三明治是冷食，所以它不太适合冬季露营，但是如果露营者还是想要吃的话，可以将其加热。

（1）制作工具

除了在锅里面加热，露营者还可以使用专门的三明治烤夹来进行加热，如图9-15所示。

图 9-15　三明治烤夹示例

（2）制作步骤

使用三明治烤夹制作热三明治的步骤很简单，下面以“火腿三明治”为例，为大家介绍其详细的制作步骤。

❶ 准备：露营者可以结合现有的食材来制作三明治，如面包、火腿片、生菜、西红柿、鸡蛋等。

❷ 洗净：将生菜、西红柿、三明治烤夹等需要洗的食材、工具洗净，然后将西红柿切成片状，放入干净的碗碟中备用。

❸ 制作：首先，煎好鸡蛋、火腿片；其次，将一片面包片放到三明治烤夹的最底下；然后，按顺序将生菜、火腿片、西红柿片、煎蛋放在面包片的上面（具体顺序可按自己的喜爱程度来排列）；最后，放上另一片面包片。

❹ 固定：用力合上三明治烤夹，并固定好（大部分的烤夹都可以固定，常用的方法是使用手柄尾部的金属卡扣），如图9-16所示。

图 9-16　使用手柄尾部的金属卡扣进行固定

❺ 烤制：将合好的三明治烤夹放到火上烤，并不断翻转，将面包片烤至金黄色即可完成制作（一般只需中火烤2～3分钟），最终成品如图9-17所示。

图 9-17　使用三明治烤夹制作的三明治示例

❻ 切开：将制作好的三明治对半切开，即可完成。

（3）注意事项

在使用三明治烤夹制作三明治时，要注意烤的时间不能太长，否则面包片容易烤焦，会影响口感。

4. 制作三明治的注意事项

外出露营时，露营者们可以选择在家就制作好三明治，然后带去营地，这样会方便很多，但缺点是保质期不长，当天就需要吃完。如果露营者想要在营地制作三明治的话，就可以带上相关食材，然后出发露营。但是，在制作三明治时，要注意以下几个事项。

❶ 选择食材：制作三明治所需的食材，如面包、生菜等的保质期比较短，特别是在夏天的时候，所以如果是中长期的露营，露营者们可以将保质期较短的食材替换成保质期较长的食材，或者直接不要，如生菜，就可以选择不加到三明治中去。

❷ 沥干水分：在制作三明治时，记得要沥干西红柿、生菜等食材的水分，不然会将面包弄湿，影响三明治最终的口感。

❸ 制作三明治时，千万不要将生食放进去，如生肉、生鸡蛋等，容易滋生细菌，存在一定的安全隐患，影响身体健康。而且，煎蛋最好是全熟的，会更安全和健康。图9-18所示为全熟的煎蛋示例。

图 9-18　全熟的煎蛋示例

9.4　米饭类

在户外露营时，吃到新鲜的米饭是比较困难的，所以如果露营者们想要吃到米饭，可以通过相关的方法来制作。本节就来为大家介绍制作米饭的具体内容。

1. 米饭的制作方法

在露营中制作米饭，其实方法有很多，具体介绍如下。

❶ 购买自热米饭包：露营者可以购买自热米饭包，不仅保存时间长、制作方便，而且袋装非常节省空间。自热米饭包的使用一般分为3个步骤，首先是倒入米饭，然后加热水进去，最后一步就是盖上盖子等待，具体的等待时间可以查看包装袋上的说明。

❷ 携带做饭的工具：露营者可以携带电饭煲之类的做饭工具，这样制作大米饭时就非常方便。但是，电饭煲的体积和重量都太大，不方便携带，如果出行比较方便、又是中长期露营的话，露营者们就可以考虑这个方法。

❸ 利用小锅蒸煮：露营者可以带一个小锅进行蒸煮。首先，将大米放到热水中，用汤勺来回翻动，如此反复几分钟后，再把大米盛出来过滤，这时候洗净小锅，往锅中加入少量的水。然后，将大米倒进去，煮几分钟即可吃到香喷喷的米饭。但是，这种方法最耗时耗力，不太适合新手。

2. 使用米饭可制作的美食

制作出米饭后，露营者可以制作很多的美食，具体内容如下所述。

（1）饭团

饭团的制作非常方便，所以有了米饭之后，露营者就可以用其来制作饭团。饭团的制作方法与寿司类似，只需要将食材放到饭团里面去即可。露营者不仅可以在饭团中添加黄瓜、火腿、海苔等自己爱吃的配料，还可以使用模具制作出不同形状的饭团，从而提高饭团的美观性和大家的食欲，如图9-19所示。

图 9-19　饭团示例

（2）炒饭

米饭还能被制作成炒饭，因为炒饭的制作方法和步骤也很简单，它跟饭团一样，没有具体的配料，露营者们可以根据营地现有的食材和自己的爱好，添加食材到炒饭中，如火腿肠、萝卜丁、外婆菜、蘑菇、青菜等。炒饭示例如图9-20所示。

图 9-20　炒饭示例

3. 制作米饭类美食的注意事项

制作米饭类的美食时，有一些事项需要露营者注意，具体内容如下。

❶ 包装盛放：制作饭团时，露营者可以使用模具将其定型，也可以直接用保鲜膜包裹定型。

❷ 保存时间：使用米饭制作好美食后，保存的时间最好不要过长，而且尽量不要过夜，特别是夏季的时候，非常容易变馊。

❸ 制作分量：露营者在煮饭时，要根据露营人数和饭量来决定要煮多少米饭，不然剩下来的米饭会非常浪费，而且不尽快吃完的话可能会变质。

9.5　烧烤

在小红书、抖音等平台搜索露营相关内容，可以从中发现，露营时最受欢迎的美食中一定有烧烤。本节就来为大家介绍烧烤的相关内容。

1. 烧烤的优点

为什么一提到露营美食，大家都不约而同地选择烧烤呢？主要是因为它有很多优点，具体内容如图9-21所示。

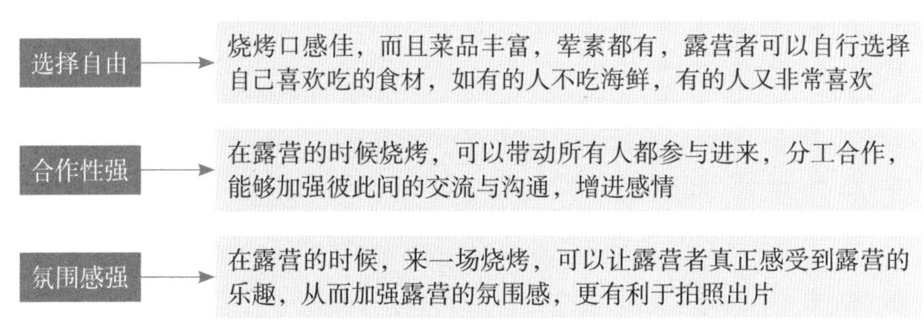

图 9-21　烧烤的优点

2. 烧烤的使用工具

烧烤架主要适用于人数较多的露营，如果人数较少，又要考虑携带的轻便性，露营者就可以选择烧烤盘。下面就来介绍烧烤盘的相关内容。

（1）烧烤盘的优点

烧烤盘，顾名思义，就是指烧烤用的盘子，与烧烤架相比，烧烤盘更加容易携带，清洗和使用也更为方便，如图9-22所示。

图 9-22　烧烤盘示例

烧烤盘主要有3个优点，具体内容如图9-23所示。

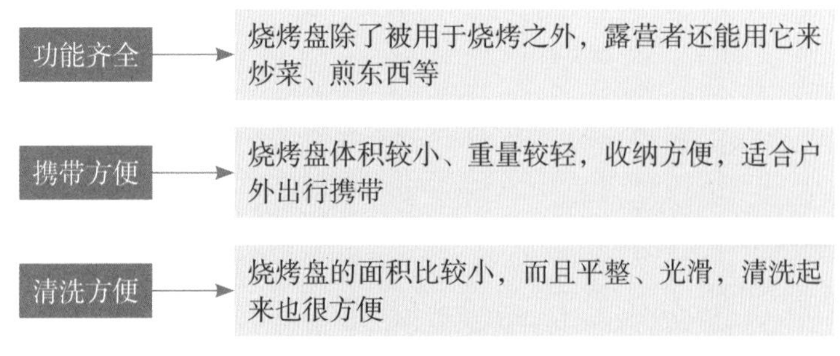

图 9-23　烧烤盘的优点

（2）烧烤盘的缺点

跟烧烤架相比，烧烤盘也有一些缺点，具体内容如图9-24所示。

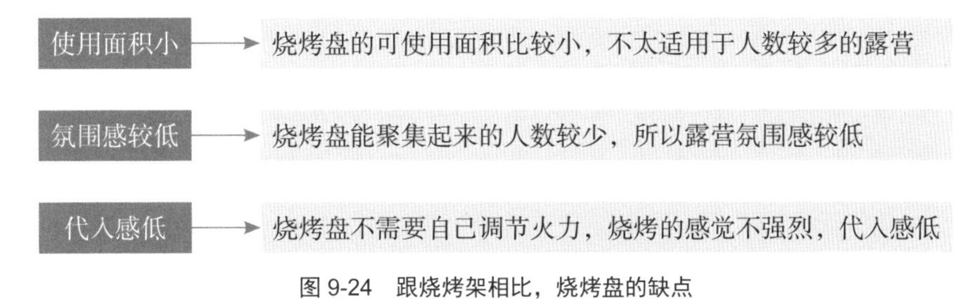

图 9-24　跟烧烤架相比，烧烤盘的缺点

（3）烧烤盘的购买

想要在户外露营时使用烧烤盘进行烧烤，那么在购买烧烤盘前需要注意以下几个方面的内容，如图9-25所示。

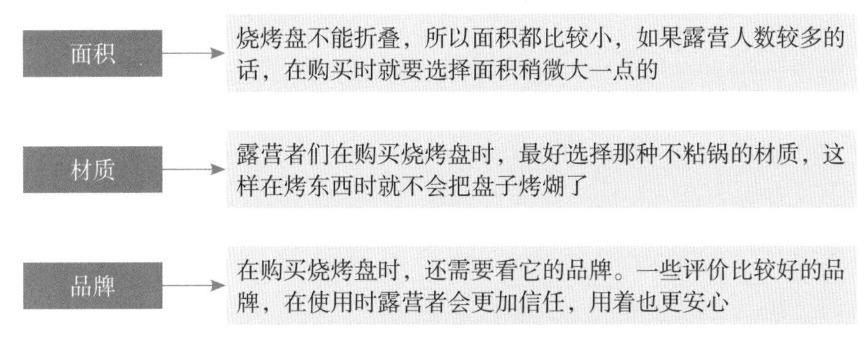

图 9-25　烧烤盘的购买注意事项

（4）烧烤盘的生火方式

使用烧烤盘烧烤，有两种生火方式，一是燃气，二是柴火/炭火。其中，在露营中最常使用的生火方式是燃气，即使用卡式炉生火。这样的搭配非常常见，主要原因如图9-26所示。

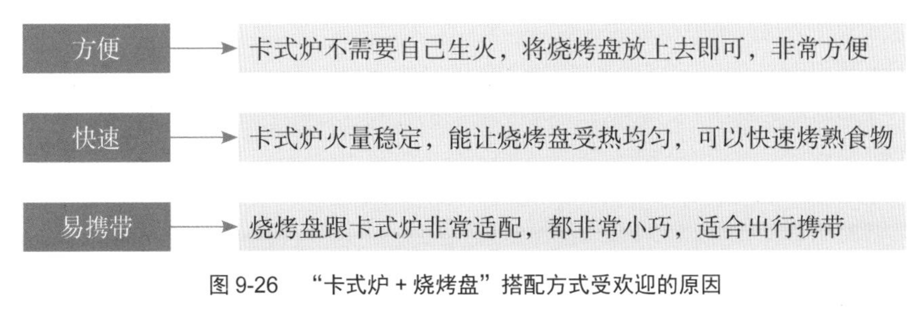

图 9-26　“卡式炉 + 烧烤盘”搭配方式受欢迎的原因

（5）使用烧烤盘烧烤时的注意事项

去户外露营，在使用烧烤盘进行烧烤时，露营者要注意以下几个方面的内容，

如图9-27所示。

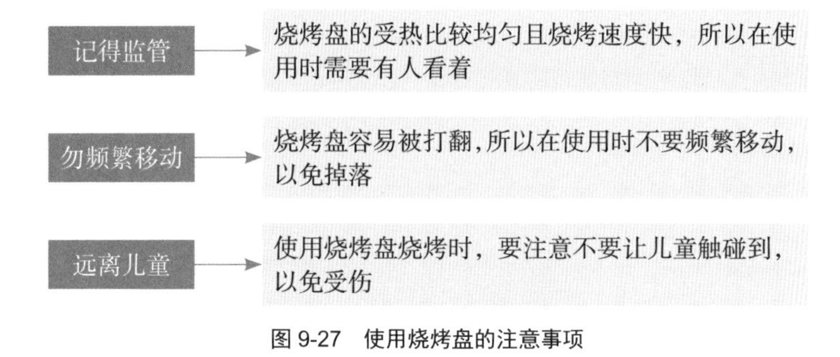

图 9-27　使用烧烤盘的注意事项

9.6　火锅

在中长期的露营行程中，火锅其实不太常见，因为煮火锅需要准备的食材、工具很多，尤其是在夏天的时候，很多食物保存期短，所以需要在露营的前两天就吃完。但是，在秋冬季的时候，火锅在露营中还是非常受欢迎的。本节就来为大家介绍火锅的相关内容。

1. 火锅的优点

在秋冬季节外出露营时，吃上一顿热乎乎的火锅，是非常幸福的，火锅的优点如图9-28所示。

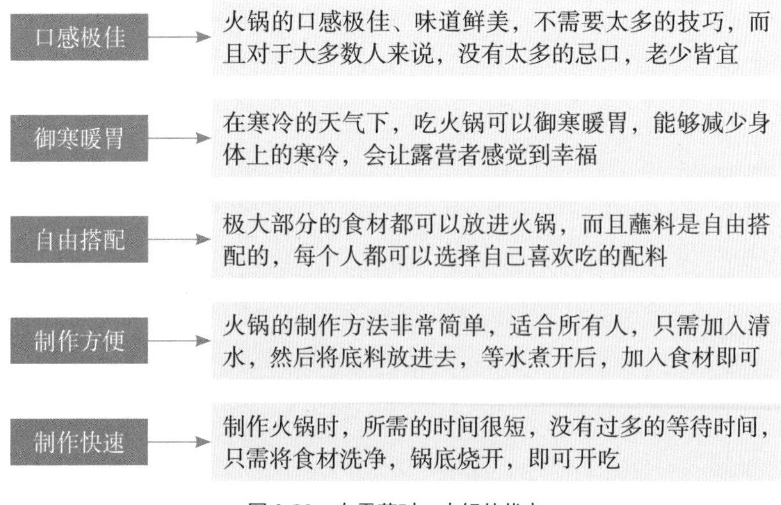

图 9-28　在露营时，火锅的优点

2. 火锅的缺点

火锅的优点很多，那么其缺点是什么呢？下面就来具体讲解。

❶ 不易保存：一些火锅食材的保存时间非常短，如肉类、青菜、豆腐等，所以在夏季的露营中，食材保存不了，火锅就弄不成，所以没有那么受大众欢迎。

❷ 温度较高：夏季外出露营，受炎热天气的影响，胃口有时也会变小，而且更想要吃凉的东西来降温，户外没有空调，吃火锅只会越来越热。

3. 火锅的类型

火锅的类型大致可以分为3种，即辣锅、清汤锅和鸳鸯锅。为了照顾大部分人的口味，大多数人都会选择鸳鸯锅，露营时也是如此。

鸳鸯锅主要是指一个锅里面有两种汤底，可以同时满足不同口味（辣和不辣、重咸和清淡口味等）的人群。图9-29所示为鸳鸯锅示例。

图 9-29　鸳鸯锅示例

4. 制作火锅时的注意事项

外出露营时，制作火锅需要考虑很多方面，因为只有这样才能更好地度过露营生活，留下美好的回忆。但是，在制作火锅时，要注意以下几个事项。

（1）食材的选择

在选购火锅食材时，露营者们要考虑3个方面的内容，具体如图9-30所示。

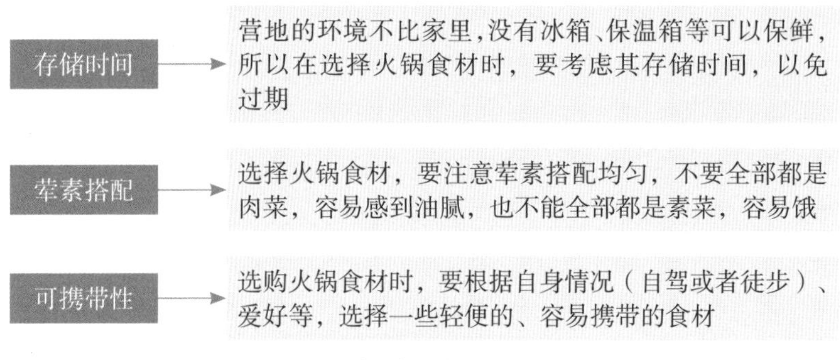

图 9-30　选购火锅食材的注意事项

（2）制作火锅的时候

在制作火锅时，有以下几个内容需要注意。

❶ 清洗：制作火锅的食材一定要清洗干净。

❷ 谨慎：锅底煮开后，要慢慢放入食材，特别是重量较重的食材，如玉米、火锅丸子等。而且，千万不要直接丢进去，容易溅出汤汁，烫伤皮肤。

❸ 远离：从制作火锅开始到吃完这段时间，一定要留意儿童的行迹，不要让他们离火锅太近，以防发生危险。

★ 温馨提示 ★

除了本章介绍的 6 类露营食谱，还有很多露营美食，如水果、汤类食物、零食等，由于页面限制，在此不再赘述，大家在露营时可以选择携带自己喜欢的食物去营地。

第 10 章

8种娱乐活动，适合户外露营玩耍

在户外露营时，交流与沟通离不开娱乐活动的助力。所以，准备一些户外可以进行的活动，是非常有必要的。

本章就来为大家介绍 8 种娱乐活动，让大家在户外能尽情玩耍，感受露营的美妙，体验大自然的美好。

10.1 赏花、拍照

在露营活动中，赏花、拍照的频率极高，大部分出去露营的人都会想要去赏花，并拍一些唯美的照片。本节就来为大家介绍一些赏花、拍照的相关内容。

1. 赏花的时间

赏花是分时节的，不同的花盛开的季节也不一样，尤其是在冬季时，大部分的花都凋谢了，所以不算是赏花的好季节。露营者可以在春季和夏季去赏花，拍出来的照片也会更具观赏性。

（1）桃花

比如，桃花的开花时间在3～4月，如果露营者不在这个时间段去观赏，那么可能就要等到明年了。图10-1所示为在户外露营时拍摄的桃花照片。

图 10-1　在户外露营时拍摄的桃花照片

（2）郁金香

又比如，郁金香这种从国外引进的花种，在全国还不算普及，所以特意去指定地点参观的露营者很多。郁金香的开花时间大约在3～5月，而且郁金香花期时间的长短受温度的影响较大，温度高，花期就短一些，反之则长一些。图10-2所示为在户外露营时拍摄的郁金香照片。

★ 温馨提示 ★

赏花最好选择一个晴天，这样光线更好，拍出来的照片也会更好看，而且观赏的时候也更方便，不会弄脏衣服和鞋子。

图 10-2　在户外露营时拍摄的郁金香照片

（3）梅花

再如，梅花的开花时间在2～3月，这个时候外出露营比较冷，但是能看到梅花也是值得的。图10-3所示为在户外露营时拍摄的梅花照片。

图 10-3　在户外露营时拍摄的梅花照片

2. 赏花的注意事项

如果露营者想要去赏花，需要注意一些事项，具体内容如图10-4所示。

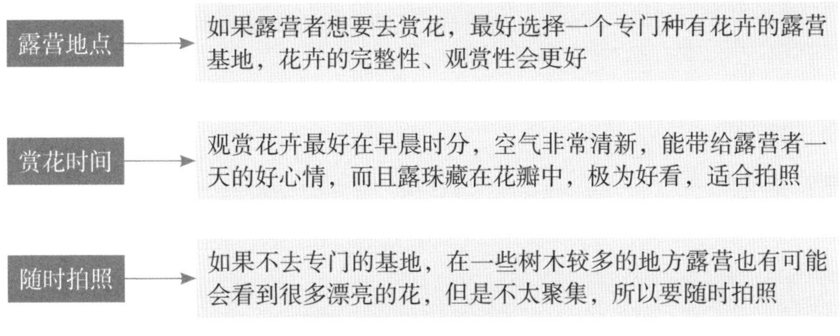

图 10-4　赏花的注意事项

10.2 看电影

在露营时，大部分露营者都不是很想离开帐篷和天幕，因为大家好像默认帐篷和天幕搭建的地方就是自己的“领域”，所以准备一些可以在帐篷和天幕下进行的活动是非常必要的，如受到很多人喜欢的活动——看电影。本节就来为大家介绍其相关内容。

1. 看电影的设备

在户外看电影，没有在家里那么方便，所以需要露营者提前准备一些看电影的设备，下面将详细介绍。

（1）手机

手机是户外露营的必备工具之一，使用手机在露营时观看电影是非常方便的选择，因为不需要露营者们再额外携带设备。下面介绍使用手机在户外看电影的优点，具体内容如图10-5所示。

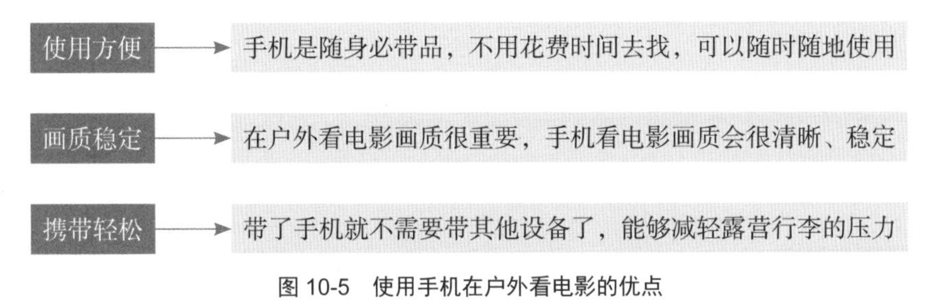

图 10-5　使用手机在户外看电影的优点

但是，使用手机在户外观看电影不是很受欢迎，主要原因有3点，具体如图10-6所示。

观看体验差	户外环境比较嘈杂，手机屏幕和音量都比较小，观看体验差
信号不稳定	在户外可能会遇到信号不稳定的问题，导致电影播放卡顿
耗手机电量	手机最大的用途是打电话、交流和沟通，拿来看电影太费电量

图 10-6　使用手机在户外看电影不受欢迎的原因

（2）投影仪

除了手机，大部分的露营者们都会选择使用投影仪来观看电影，如图10-7所示。

图 10-7　投影仪示例

在户外露营时，使用投影仪看电影的优点有3个，具体内容如图10-8所示。

画面大	使用投影仪看电影，可以自己控制画面的大小，更能保护眼睛
音响好	投影仪的音响声音更大，适合户外这种较为嘈杂的环境
氛围感强	在营地中使用投影仪看电影，会有影院之感，更有氛围感

图 10-8　在户外露营时，使用投影仪看电影的优点

因此，在户外观看电影时，要想获得更好的观影体验，最好满足以下两个条件。

❶ 环境：投影仪要等到天比较暗的时候使用效果才更好，所以要等到天暗之后再开始观看。

❷ 设备：户外露营地比较嘈杂，所以观看电影时尽量使用更为专业的投影设备和音响设备。

2. 看电影的准备事项

为了在户外看电影，出发露营前，露营者们需要做好一些准备，让观影体验更好，具体内容如图10-9所示。

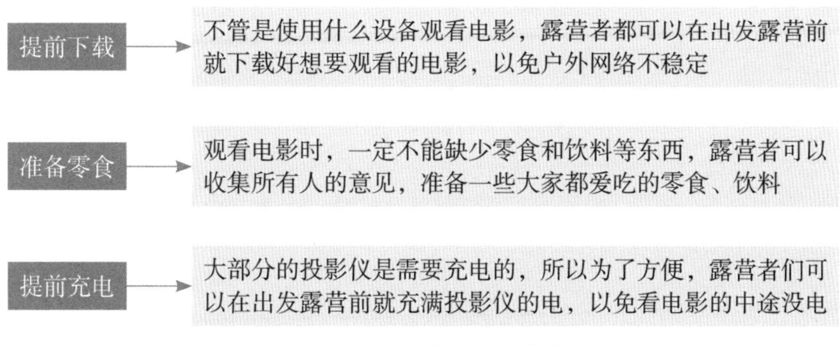

图 10-9　在户外看电影的准备事项

3. 看电影的注意事项

在户外观看电影时，露营者们要时刻注意以下几个方面的内容，具体如图10-10所示。

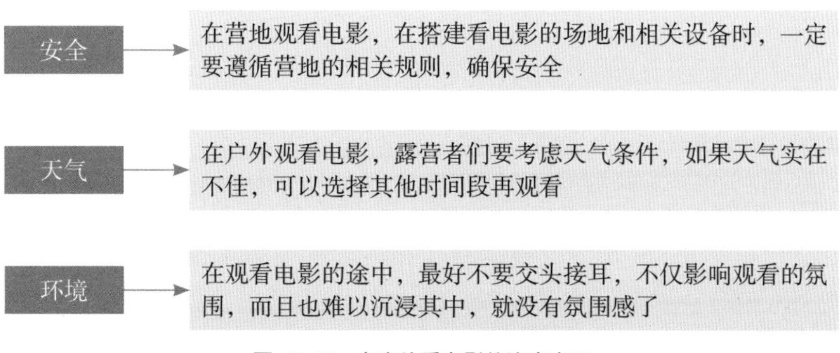

图 10-10　在户外看电影的注意事项

10.3　放风筝

一提到户外活动，大多数人一定会想到放风筝，这个承载着很多人的青春和童年的活动，在时代的更迭中并没有被淘汰，足以可见其还是非常受欢迎的。本节就来为大家介绍在户外放风筝的相关内容。

1. 风筝的类型

现在，市面上的风筝类型不可胜数，而且形状、颜色都很丰富。从功能来说，风筝具体可分为3种类型，内容如下。

（1）玩具风筝

适合儿童及初学者，该风筝的特点是结构简单、价格便宜、容易飞行。图10-11所示为玩具风筝示例。

图 10-11　玩具风筝示例

（2）观赏风筝

适合有一定基础的风筝爱好者，这类风筝重工艺，外形非常精美，而且有很多独特的造型。图10-12所示为观赏风筝示例。

图 10-12　观赏风筝示例

（3）特技风筝

适合风筝爱好者，放这类风筝需要一定的技术，不适合初学者。图10-13所示为特技风筝示例。

图 10-13　特技风筝示例

2. 放风筝的好处

外出露营时，为什么这么多人选择放风筝呢？下面为大家介绍一些放风筝的好处，具体如图10-14所示。

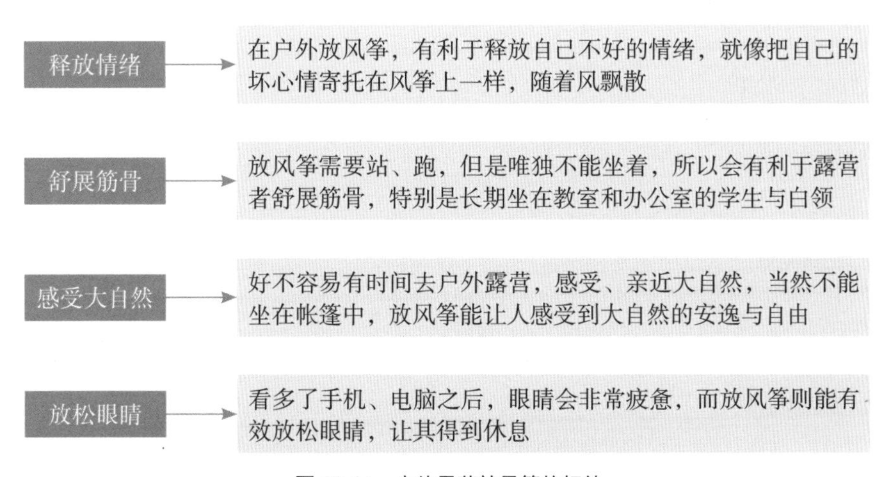

图 10-14　户外露营放风筝的好处

除了上面提到的好处，放风筝在露营时这么受欢迎的原因还有一个，就是有很多小孩子都喜欢放风筝，父母也可以通过帮助他们放风筝来拉近亲子关系。

3. 风筝的选购

在选购风筝时，露营者们要考虑以下几个内容，具体如图10-15所示。

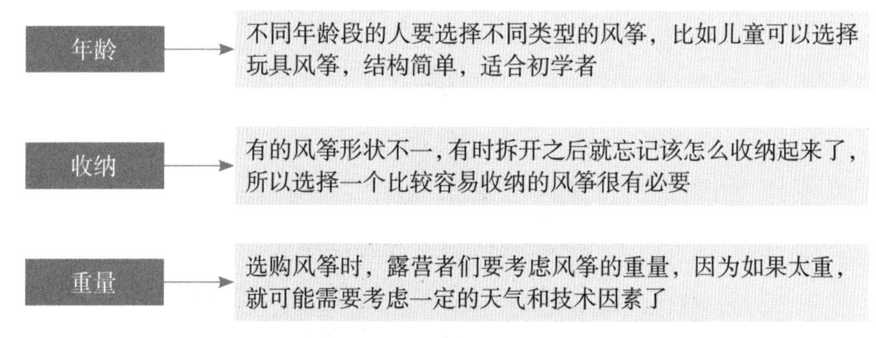

图 10-15　选购风筝时的考虑事项

4. 放风筝的条件

在营地放风筝，需要具备以下两个条件。

❶ 天气：放风筝一定要具备的条件之一就是风，如果没有风，风筝是飞不起来的，所以露营者在出发露营前，可以查看一下营地的风速和风向，确保是有风的天气。

❷ 环境：放风筝需要比较宽阔的空地，所以在选择场所时，露营者最好远离人多的营地，去一些较为空旷的地方。

5. 放风筝的注意事项

露营者在放风筝时，要注意以下一些问题，具体内容如图10-16所示。

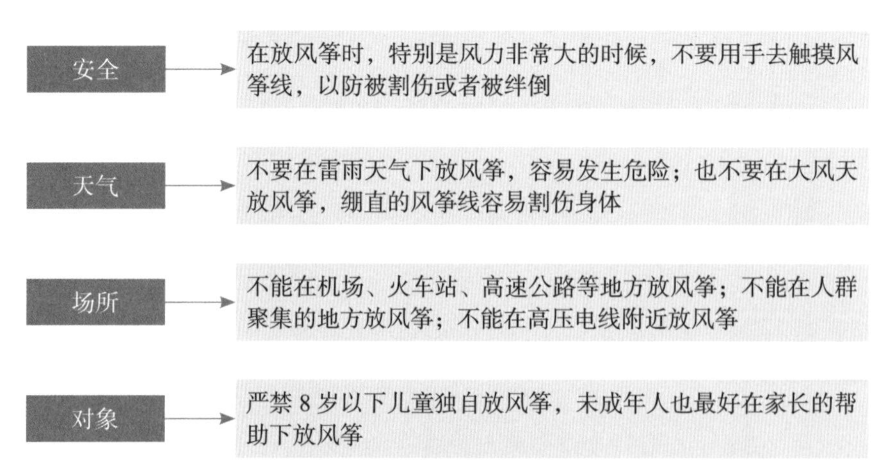

图 10-16　放风筝时的注意事项

10.4 阅读活动

户外露营时，露营者可以更加享受一个人的时光，进行阅读活动，如看书、看报等都是不错的选择。本节就来为大家介绍其相关内容。

1. 看书

随着科技的进步，人们已经不需要携带那种特别重的纸质书了，手机里面有很多看书App，如图10-17所示，甚至还有听书的功能，非常方便，可以躺在帐篷里一边听书一边闭眼休憩。

图 10-17　看书 App

当然也有酷爱纸质书的露营者，与电子书相比，虽然携带时比较麻烦，但是实体书质感更好一些。想象一下躺坐在吊床上面，手上拿着书在阅读，而周围有其他露营者忙碌的身影，时不时还有微风吹过，多么令人向往。书握在手中会有重量感，使人们能真切感受到它的存在，感受翻页的声音，像是书中的故事场景发生在现实中一样。

除了阅读，露营者还能在纸质书上面做标记，写下自己的所思所想。露营者在露营中拍摄到的照片，也可以打印出来放两张夹在书中，等过几年后再去翻看，会别有一番感觉，这种记忆是不会被磨灭的，书中褪色的笔记彰显了时光的流逝。

2. 看报

现在，已经很少有人拿纸质报纸看新闻了，大部分人都选择使用手机App看新闻，如今日头条App，如图10-18所示。

图 10-18　今日头条 App

当然，也有很多人喜欢纸质报纸，想象在清晨的时候，坐在天幕下面，看着报纸喝着茶，多么惬意！

所以，喜欢看纸质报纸的露营者也可以在网上订购报纸，然后带着去营地看。图10-19所示为南方周末报纸的选购页面。

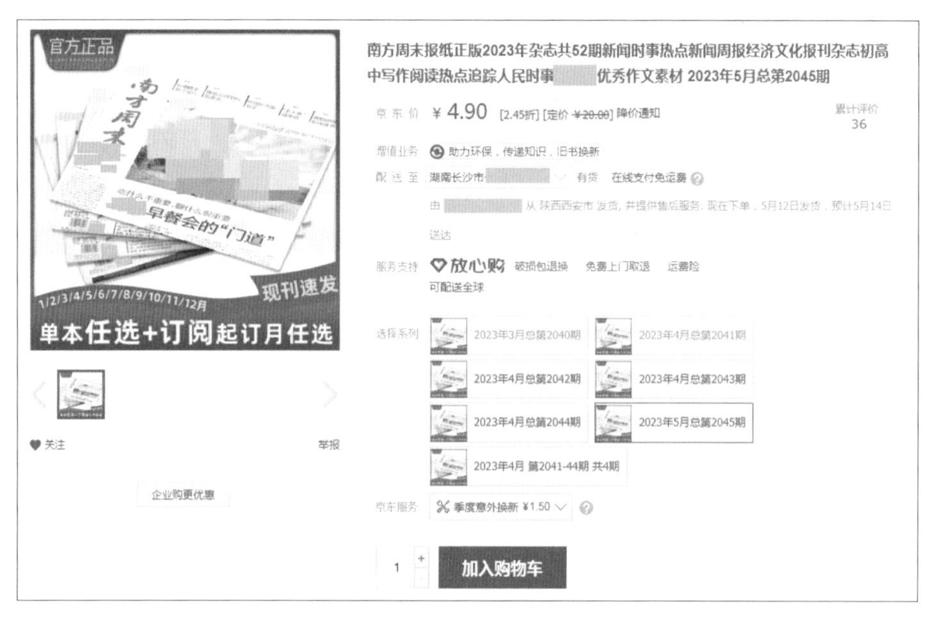

图 10-19　南方周末报纸的选购页面

10.5 手机桌游、纸牌游戏

露营者可以在户外露营时玩一些手机桌游和纸牌游戏，因为大部分的娱乐游戏参与人数都比较少，不适合人数多的露营，而手机桌游和纸牌游戏就不一样，其参与的人数比较自由，而且非常方便，适合家人、朋友、情侣、同事及兴趣圈等大部分露营者。本节就来为大家介绍手机桌游、纸牌游戏的相关内容。

1. 手机桌游

手机桌游主要是指可以在手机上玩的桌面游戏，其定义很广。下面就来介绍手机桌游的优点、类型等内容。

（1）手机桌游的优点

在露营时，玩手机桌游主要有3个优点，具体内容如图10-20所示。

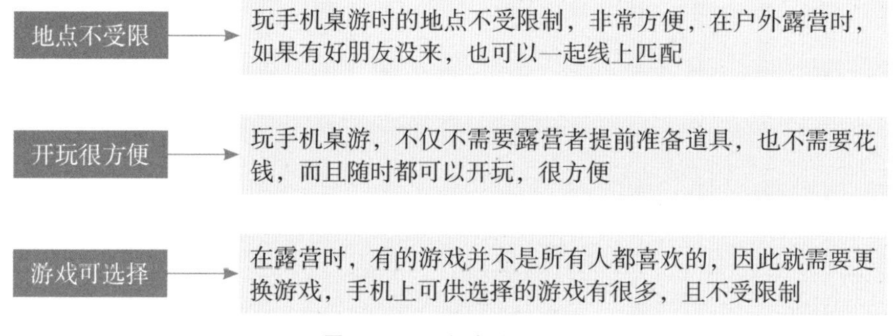

图 10-20　手机桌游的优点

（2）手机桌游的缺点

在露营时，玩手机桌游也有缺点，即如果网络不好，游戏就进行不下去了。而往往户外的网络不怎么好，所以露营时玩手机桌游可能会不成功。

（3）手机桌游的类型

手机桌游的范围很广，并不能绝对地划分类型，如果是按棋牌来分类，大致可分为棋类游戏和牌类游戏。

❶ 棋类游戏：主要是指使用棋子作为主要道具的游戏机制的统称。代表游戏有中国象棋、围棋等。以象棋为例，露营者可以直接搜索“天天象棋”微信小程序，不需要另外下载App，非常便捷。图10-21所示为微信小程序“天天象棋”的游戏页面。

❷ 牌类游戏：主要是指使用卡牌作为主要道具的游戏机制的统称。代表游戏有扑克、字牌等。以字牌为例，衍生作品有很多，如狼人杀、谁是卧底等，露营者可以直接搜索“微派谁是卧底”微信小程序。图10-22所示为微信小程序“微派谁是卧

底”的游戏页面。

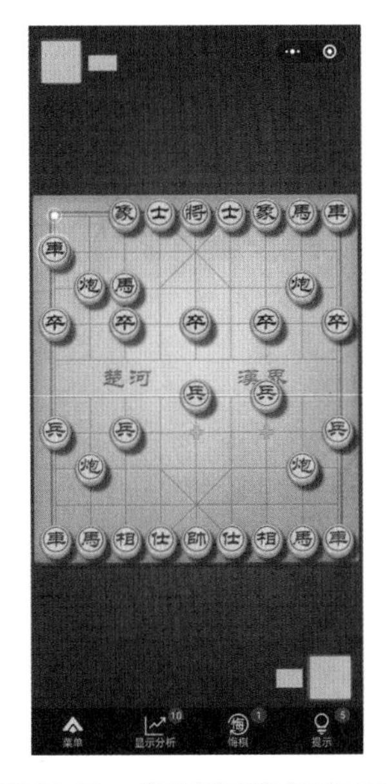

图 10-21　“天天象棋”游戏页面

图 10-22　“微派谁是卧底”游戏页面

2. 纸牌游戏

纸牌游戏一般是指使用实体卡牌，然后面对面交流的游戏机制的统称。下面就来为大家介绍纸牌游戏的相关内容。

（1）纸牌游戏的优点

在露营时，玩纸牌游戏主要有3个优点，具体内容如图10-23所示。

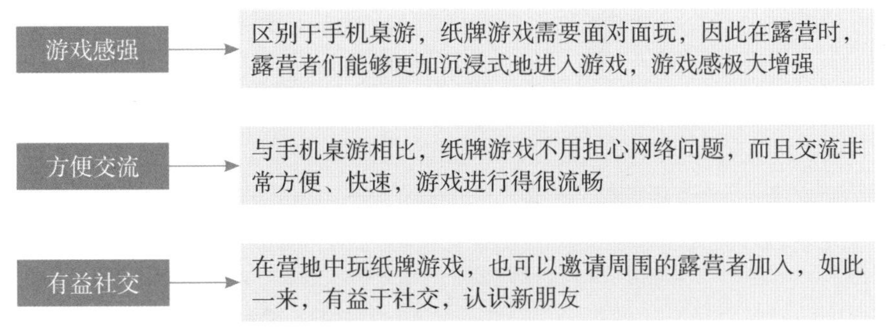

图 10-23　纸牌游戏的优点

（2）纸牌游戏的缺点

在露营时，玩纸牌游戏也有一些缺点，具体内容如下。

❶ 携带不方便：大部分的纸牌游戏都有很多道具，且包装非常华丽，外出露营

时携带不方便。

❷ 更换有限制：如果只带了一种纸牌游戏，又没有提前参考其他露营者的意见，那么就有可能玩不起来，因为可能没有带其他游戏的道具。

（3）纸牌游戏有哪些

目前，市面上有很多纸牌游戏，如三国杀、UNO、真心话大冒险等。露营者可以收集所有人的意见，选取几种纸牌游戏，然后将其道具带到营地中去。图10-24所示为三国杀、UNO的实体纸牌示例。

图 10-24　三国杀、UNO 的实体纸牌示例

（4）玩纸牌游戏的注意事项

在露营中，露营者们玩纸牌游戏时，要格外注意以下几个内容，具体如图10-25所示。

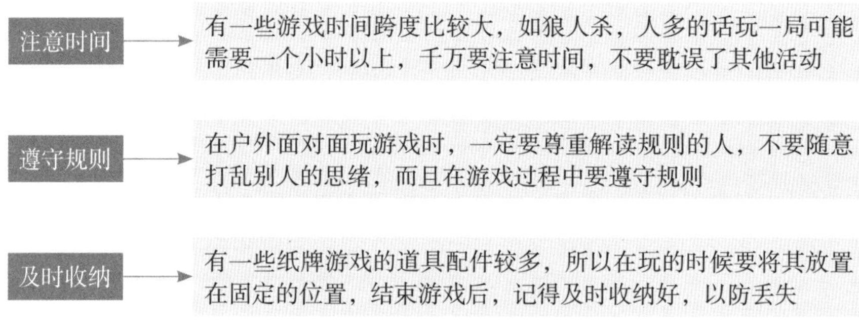

图 10-25　玩纸牌游戏的注意事项

★ 温 馨 提 示 ★

去户外露营，到底是玩手机桌游还是纸牌游戏呢？这个没有具体的答案，可以从露营者自身的需求和喜好出发。如果实在纠结的话，也可以两个都选择，有备无患。

10.6　捡贝壳、抓螃蟹

在近海边露营时，露营者们可以去沙滩上捡贝壳和螃蟹。因为在赶海的过程中，最常见的就是贝壳和螃蟹了。但是，捡贝壳和螃蟹也需要一定的技巧，本节就来详细介绍。

1. 捡贝壳、抓螃蟹的优点

在海边捡贝壳和螃蟹，有利于露营者们感受大自然的宽广，体会到捡贝壳、抓螃蟹的乐趣。特别是对于那些平时没机会接触大海的露营者来说，在海边捡贝壳和螃蟹是一种别样的感受。

2. 捡贝壳、抓螃蟹的技巧

捡贝壳其实很简单，在海水边多观察即可。但是，螃蟹就没这么容易被抓到，因为它一旦被发现就会逃跑，不仅跑的速度非常快，而且还会钻到沙子里面去，一不小心就不见了。所以，如果大家发现了螃蟹，先不要打草惊蛇，等能够确保抓住它时再行动。

3. 捡贝壳、抓螃蟹的工具

捡贝壳、抓螃蟹时，露营者们最好携带一些工具，以便更好地收集贝壳和螃蟹，下面介绍几种辅助工具。

（1）钉耙

钉耙原本是一种耕草的农具，这里是指经过改良之后的，用于小型翻土、翻沙子的工具。外出露营时，如果想要去捡贝壳，就可以选择钉耙，翻沙特别方便，而且最好选择安全性能更高的钉耙给孩子们使用，如图10-26所示。

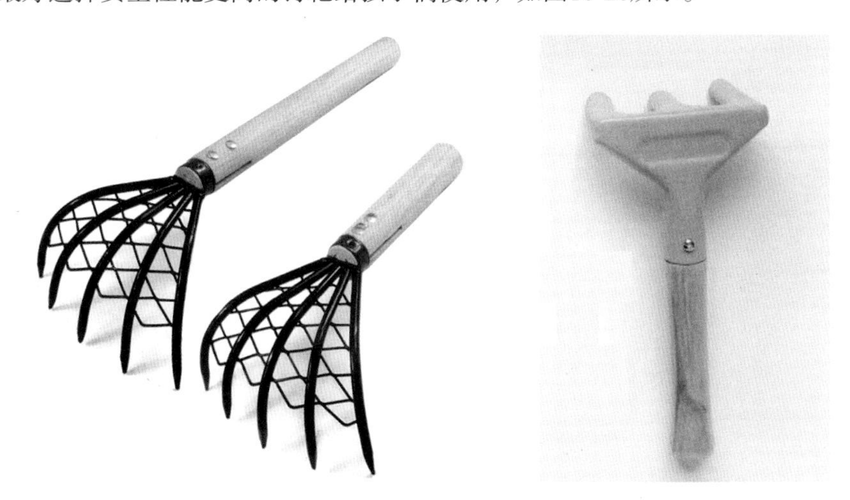

图 10-26 大人使用的钉耙（左）和小孩使用的钉耙（右）示例

（2）捕网

翻动沙子后，贝壳是不会跑的，所以直接上手抓就行了。但是，螃蟹会跑得很快，此时可以准备一个捕网，以防螃蟹逃跑，如图10-27所示。

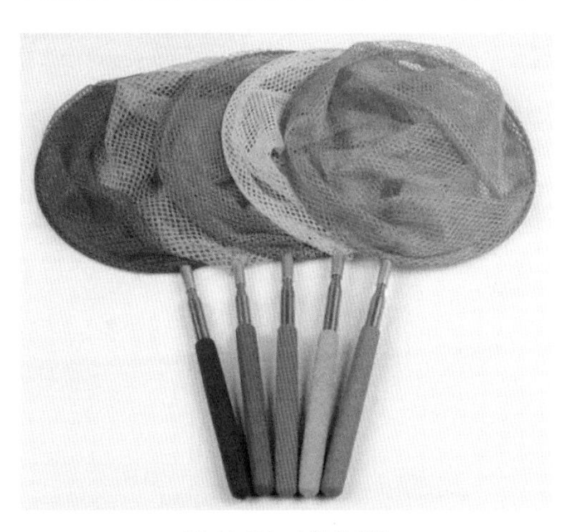

图 10-27 捕网示例

（3）小桶

选择完翻沙的工具后，露营者们还可以准备一个小桶，等捡到贝壳或者抓到螃蟹后，就可以将它们放到小桶里面，沉甸甸的，特别有成就感。

4. 捡贝壳、抓螃蟹的适用人群

跟其他的娱乐活动不同的是，捡贝壳、抓螃蟹这一活动在亲子露营中更受欢迎，主要原因如图10-28所示。

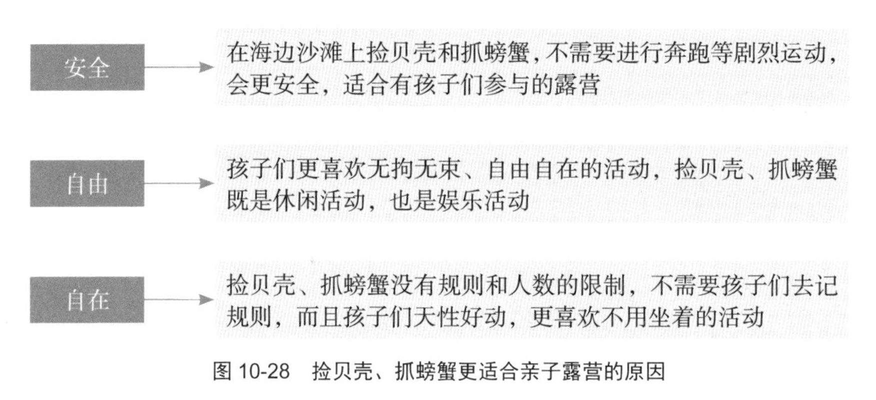

图 10-28　捡贝壳、抓螃蟹更适合亲子露营的原因

5. 捡贝壳、抓螃蟹的注意事项

出发露营前，提前查好当地的海水涨落潮规律，在海水退潮之后，露营者们就可以带孩子们去赶海，各自提着小桶去捡拾小贝壳或小螃蟹。

不过，在捡拾小贝壳或小螃蟹的过程中，露营者们要时刻注意孩子们的走向，不要让他们去危险的地方。

10.7　体验沙滩和泥土、堆沙堡

去海边露营时，露营者们可以带孩子们去沙滩上面玩耍，如图10-29所示。在刚到达沙滩时，可以玩“谁是木头人”或者捉迷藏游戏，跟孩子们在沙滩上尽情地欢笑和奔跑，体验海风和海水带来的凉爽。本节就来为大家介绍体验沙滩和泥土、堆沙堡的相关内容。

1. 体验沙滩和泥土、堆沙堡的优点

去海边露营的话，一定要去感受沙滩和泥土，体验海边的乐趣。孩子们在海边玩得最多的就是沙子和泥土了，露营者们可以跟他们一起来堆沙堡，既可以共同协

作搭建沙堡，也可以互相比赛，看谁堆得最好。这些活动能够增强亲子关系，加强彼此之间的沟通与交流。

图 10-29　沙滩

2. 注意事项

在海边露营，带着孩子们去体验沙滩和泥土、堆沙堡的时候，要注意以下几个事项，具体内容如图10-30所示。

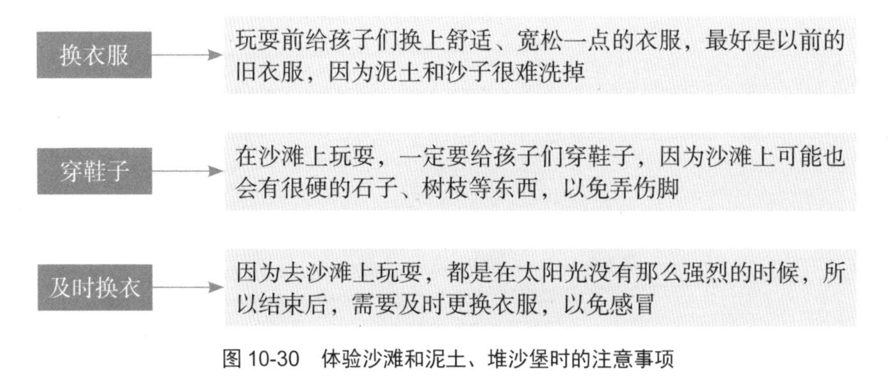

图 10-30　体验沙滩和泥土、堆沙堡时的注意事项

10.8　漂流、潜水

夏季出发去露营的话，最适合的活动大部分都跟水有关，因为天气实在太过炎

热。跟水有关的活动能够很大程度减少人们对天气的埋怨，如漂流、潜水都是特别适合夏天的活动。本节就来介绍漂流、潜水的相关内容。

1. 漂流

露营之余，露营者们可以去专门的峡谷进行漂流，从上面一路漂流下去非常舒服。坐在橡皮艇上，换好相关的衣服，然后就可以开始兴奋的冒险了。下面为大家介绍漂流的相关内容。

（1）漂流的优点

漂流是一种能够跟水近距离接触的活动，也是一项需要勇气的运动，不仅能让孩子们体验到不一样的魅力，还能提高他们的勇气和自信。

（2）漂流需要注意的安全事项

当然，如果有孩子的话，玩这个还是有一定的危险，因为需要一定的力气抓住橡皮艇。所以，最好在那种坡度平一点的水流上面玩。下面介绍漂流需要注意的一些安全事项。

❶ 为了安全起见，可以在安全的浅水区域进行活动。

❷ 在开始漂流之前，一定要记得穿好救生衣。

2. 潜水

跟漂流不同，潜水虽然也是在水里面进行的活动，但是潜水需要佩戴专业的装备，如图10-31所示。

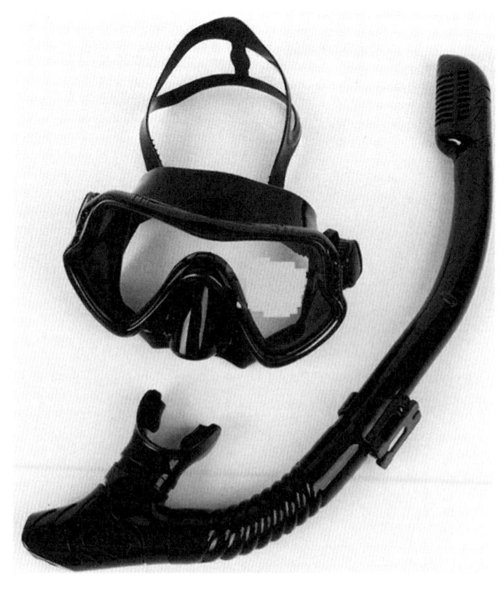

图 10-31　潜水装备示例

在海边露营时，露营者们可以带孩子们一起去潜水。下面为大家介绍潜水的相关内容。

（1）潜水的技巧

在刚开始潜水时，应该选择去一个浅一点的水域，让孩子们先体验潜水的感觉。在完全掌握好了潜水的相关知识和技能后，就可以稍微往周围移动，但是也不要离沙滩太远，而且要时刻注意孩子们的安全。

（2）潜水的注意事项

在海边露营，带着孩子们去潜水时，要注意以下几个事项，具体内容如图10-32所示。

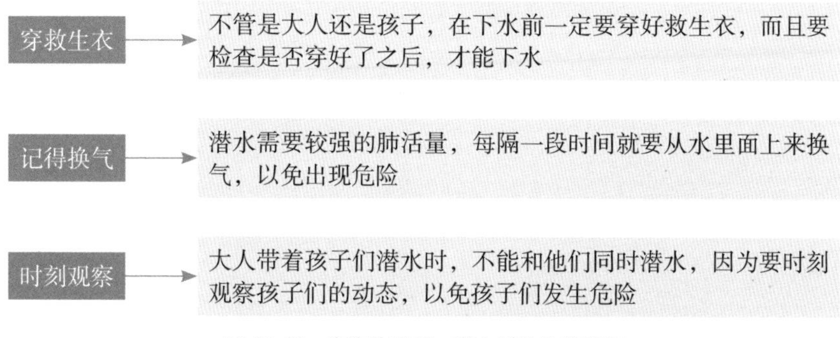

图 10-32 在海边露营，潜水时的注意事项

★ 温 馨 提 示 ★

除了本章介绍的8种娱乐活动，还有一些露营时能玩的活动，如K歌、扔飞盘、篝火谈心等，由于页面限制，在此不再赘述。

第 11 章

6个露营必备拍照攻略，超好看

大多数露营者去露营都会拍很多照片，目的就是为了记录露营时的阳光与风景，记录自己的快乐。而且，为了方便，大部分露营者都会选择用手机来拍照。

本章就来为大家介绍 6 个露营必备拍照攻略，让大家在户外露营时，用手机也能拍摄出极具露营氛围的照片。

11.1　怎么保持手机拍摄的稳定性

要想在露营时拍出优质的照片，首先要保证拍摄器材的稳定性，但是用手机拍摄容易造成画面不稳定，导致照片模糊，那有什么方法可以保持手机拍摄的稳定性呢？本节就来为大家介绍一些常用的拍摄器材，如手机三脚架、八爪鱼支架和手持稳定器等，让大家在拍摄时能够保持手机的稳定，从而在户外轻松拍出精彩的露营照片。

1. 手机三脚架

三脚架因三条“腿”而得名，是用于拍摄照片时稳定器材、给手机作支撑的辅助设备。很多接触到摄影摄像的人都知道三脚架，但是很多人却并没有意识到三脚架的强大功能。下面为大家介绍三脚架的详细内容。

（1）三脚架的优势

三脚架的最大优势就是稳定性，在拍摄延时摄影、流水或者流云等运动性的事物时，三脚架能很好地保持手机的稳定，从而取得更优的画质效果。

在用手机拍摄慢门作品的过程中，除非特殊需要，否则都不希望画面晃动。所以，如果想要保证画面的稳定，首先得保证手机的稳定，而手机三脚架就能很好地保证手机拍摄时的稳定性，如图11-1所示。

图 11-1　手机三脚架示例

（2）使用三脚架的注意事项

大部分的手机三脚架都具有蓝牙功能和无线遥控功能，可以“解放”拍摄者的双手，远距离也能实时操控快门。同时，手机三脚架还可以自由伸缩高度，满足某个区间内不同高度环境的照片拍摄需求。

2. 八爪鱼支架

三脚架的优点一是稳定，二是能伸缩，但三脚架也有缺点，就是摆放时需要相对比较好的地面，而八爪鱼支架刚好能弥补三脚架的缺点，因为它有“妖性”。

八爪鱼支架能伸能屈，能弯能直，有弹性，能变形。关键是八爪鱼支架携带方便，不占空间，可以利用身材矮小的优势，在室外能大展拳脚，帮助用户拍出平常拍不出的大片、好片，在营地拍摄时更加得心应手，如图11-2所示。

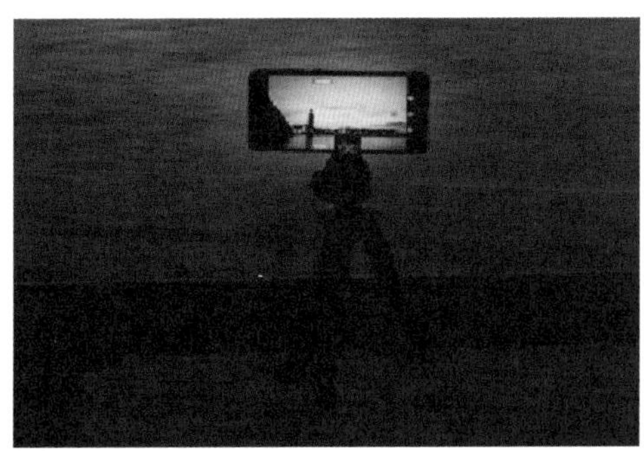

图 11-2　八爪鱼支架示例

3. 手持稳定器

手持稳定器的主要功能是稳定拍摄设备，防止画面抖动造成的模糊，以及跟随拍摄运动的物体，如图11-3所示。下面介绍手持稳定器的相关内容。

图 11-3　手持稳定器示例

（1）手持稳定器的优点

手持稳定器的优点就是稳固手机，即将手机固定或者让手机处于一个十分平稳的状态。手机是否稳定，能够在很大程度上决定拍摄画面的稳定性，如果手机不稳，就会导致拍摄出来的画面也跟着摇晃，从而使画面变得十分模糊。如果手机被固定好，那么拍摄的过程就会十分平稳，拍摄出来的画面也会非常清晰。

（2）手持稳定器的运行原理

手持稳定器就是将云台的自动稳定系统放置在手机照片拍摄上，它能自动根据用户的运动方向或拍摄角度来调整手机镜头的方向，使手机一直保持在一个平稳的状态。无论用户在拍摄期间如何运动，手持稳定器都能保证拍摄的稳定。

（3）手持稳定器的其他功能

手持稳定器一般来说重量较轻，女生也能轻松驾驭，而且还具有自动追踪和蓝牙功能，能够实现即拍即传。部分手持稳定器还具有自动变焦和照片滤镜切换等功能，对于露营者在营地拍摄照片来说，是一个不错的选择。

11.2　必须打卡的露营场景

去户外露营时，有哪些露营场景是我们必须打卡的呢？本节就来为大家详细介绍其相关内容。

1. 露营地整体环境

刚到营地时，露营者可以打卡营地的整体环境，从多个角度拍摄周围的风景。图11-4所示为无人机航拍的露营地整体环境的照片。

图 11-4　无人机航拍的露营地整体环境的照片

2. 自然景观

露营者可以打卡营地周围比较漂亮、壮丽的自然景观。然后，自己站到镜头中去，让朋友或者营地其他人帮你拍摄一些和自然景观的合照，如图11-5所示。

图 11-5　打卡营地周围自然景观的照片示例

3. 搭建起来的帐篷

还有一个不能忘记的露营场景，即帐篷，作为露营的标志之一，它也是一个非常热门的打卡点，能让别人一看就知道你在露营。露营者们可以坐在帐篷里面，然后拍摄从帐篷往外看营地环境的照片，代入感会更强，如图11-6所示。

图 11-6　从帐篷里面拍摄营地的照片示例

11.3　将人物融入露营环境

一张合格、精美、到位的露营照片，一定有一个特征，那就是露出与露营相关的物品，不然别人即使看到照片也不知道你是在露营，由此可见，将人物融入露营环境的重要性。本节就来为大家介绍将人物融入露营环境的相关技巧。

1. 主拍露营环境，次拍人物

拍摄露营照片，主要是要突出露营（营地周边）环境，人物则起点缀作用，这样能让你拍出来的照片不至于是单纯的风景照片，如图11-7所示。

图 11-7　主拍露营环境，次拍人物的照片示例

2. 调整拍摄角度

不管是主拍人还是主拍物，都要善于寻找角度，只有不断去调整拍摄的角度，才能拍出好看的露营照片。比如，主拍人的时候，就可以把帐篷当作背景，放大人

物的存在感，别人一看也知道是在露营。如果是主拍物的话，就可以主拍露营帐篷，然后把人当作点缀，以此来丰富照片画面。

图11-8所示为主拍露营帐篷的照片示例。虽然没有拍到人物的全身，但是可以看出来帐篷下面是有人的，那么这张照片的画面就会比单纯的帐篷照片丰富很多。

图 11-8　主拍露营帐篷的照片示例

3. 用营地环境作前景

露营者可以选择用营地环境（如花丛）来作前景，然后人物蹲在旁边，拍摄一张前景照片，极具设计感，如图11-9所示。

图 11-9　用营地环境作前景的照片示例

★ 温馨提示 ★

拍摄人物融入露营环境的照片时，露营者一定要放松，不要特别僵硬地等待被拍，最重要的是自然。

露营者可以忘记镜头的存在，按照自己最真实的行为去活动，或者借助一下其他的物品来活动，缓解紧张的情绪，如翻书、喝茶等，不要让自己没有事情做。露营者的表情、动作越自然，拍摄出来的照片才会越好看。

11.4　露营拍照常用的10种构图

在露营拍照时，露营者们可以使用一些精美的构图方法，使拍摄出来的照片更为专业。本节就来为大家介绍露营拍照常用的10种构图方法。

1. 变焦构图

现在许多手机都有变焦功能，比如，华为手机就有30倍的变焦功能，如果平常拿起手机直接拍，那么拍出来的画面元素就会多且乱。此时，就可以采用变焦取景，将手机的画面拉大，就能拍到我们想看到的画面了，而且这样拍出来的照片背景简洁、主体突出。

图11-10所示为没有使用变焦功能（左）和使用了变焦功能（右）拍摄出来的照片示例。可以看出，左边没有使用变焦功能的照片是拍摄者离主体的正常距离，拍摄出来的也是正常的画面，但是整个画面看起来很杂乱，且看不清主体；而右边则是使用了30倍变焦功能的照片，它的背景就非常简洁，主体也很突出。

图 11-10　没有使用变焦功能（左）和使用了变焦功能（右）拍摄出来的照片示例

2. 横竖构图

横竖构图包括横幅构图和竖幅构图，横幅构图是指画面采用横向拍法，优点是画面横向宽阔，显得大气；竖幅构图是指画面采用竖向拍法，优点是适合手机竖屏，冲击力强。

图11-11所示为横幅构图（左）和竖幅构图（右）照片示例。左边的横幅构图照片中，将天幕、帐篷周边的环境都拍摄出来了，左右具有视觉延展性，非常宽阔；而右边的照片也是在同一个角度拍摄的，但是使用竖幅构图就缩减了左右两边的画面，让画面看起来更为简洁，而且竖幅构图更符合手机拍照习惯。

图 11-11　横幅构图（左）和竖幅构图（右）照片示例

★ 温 馨 提 示 ★

如果露营者们想要拍摄横竖构图的照片，那么应该如何来操作呢？具体内容如下。

拍摄露营照片时，露营者们进入手机拍摄界面后，需要先设置好一个长宽对比明显的画面比例（不要选择1:1，因为长宽距离是一样的），最常见的比例有4：3和16：9。选择了这两个比例后，拍摄界面显示的是竖幅构图，如果露营者们想要拍摄出横幅构图的照片，可以横向拿着手机。

3. 大小构图

大小构图是指在拍照时，通过将大的元素与小的元素进行对比、衬托，在视觉上形成一个反差。

图11-12所示为大小构图照片示例。通过后面桥、建筑物的“大”与天幕、露营者的“小”，使其在视觉上形成一个对比，具有极强的反差效果，画面冲击性较强。

图 11-12　大小构图照片示例

4. 中心构图

中心构图是拍摄时最为常用的构图之一，而且拍法也很简单，只需要将主体放在画面的正中心即可，中心构图的优点是能突出主体，快速吸引观赏者的眼球。

图11-13所示为中心构图照片示例。在这两张照片中，都将主体（天幕、露营者和相关露营物品）放到了画面正中心，让人一看到照片，就会被主体吸引住视线。

图 11-13　中心构图照片示例

5. 前景构图

前景构图是指在拍摄时将某个前景入画，来衬托后面的主体。图11-14所示为前景构图照片示例，它以草地和花作为前景，去拍摄后边的露营照片，不仅突出了天幕和桥，而且还丰富了整体的画面内容，使画面更具层次感。

图 11-14　前景构图照片示例

6. 背景构图

背景构图是指在拍摄时将某个后景入画，以此来衬托前面的主体。

图11-15所示为背景构图照片示例。在这两张照片中，都以福元路大桥为背景，并以此来衬托前面的天幕与帐篷，·增加了天幕与帐篷的存在感。

图 11-15　背景构图照片示例

7. 三分线构图

三分线构图主要是指将照片画面分为三等分，并将要拍摄的主体内容放到三分线的某一个位置进行取景。三分线构图具体可分为4种，分别为右三分线构图、左三分线构图、上三分线构图和下三分线构图，下面就来详细介绍相关内容。

（1）右三分线构图

右三分线构图，是指将画面的主体置于画面右三分的位置，进行拍摄。

图11-16所示为右三分线构图照片示例。以天幕为主体，将该照片竖向分为三等份，天幕位于照片右侧的三分之一位置，能更好地突出天幕。

图 11-16　右三分线构图照片示例

（2）左三分线构图

左三分线构图，是指将画面的主体置于画面左三分的位置，进行拍摄。

图11-17所示为左三分线构图照片示例。以天幕为主体，将该照片竖向分为三等份，天幕位于照片左侧的三分之一位置，能让右边的画面看起来更具延伸感，且后边的建筑铺满了画面，给人视觉上的冲击感。

图 11-17　左三分线构图照片示例

（3）上三分线构图

上三分线构图，是指将画面的主体置于画面上三分的位置，进行拍摄。

图11-18所示为上三分线构图照片示例。将该照片横向分为三等份，以天幕为主体，天幕位于照片上方的三分之一位置，草地则占据照片下方三分之二的地方，突出了草地景象，且草地的颜色与天幕后边的树颜色一致，从而丰富了整体的画面效果。

图 11-18　上三分线构图照片示例

（4）下三分线构图

下三分线构图，是将画面的主体置于画面下三分的位置，进行拍摄。

图11-19所示为下三分线构图照片示例。将该照片横向分为三等份，以天幕为主体，天幕位于照片下方的三分之一位置，天幕和草地占据整个画面的三分之一，这样的构图会让照片看起来非常舒适。

图 11-19　下三分线构图照片示例

8. 光影构图

光影构图，是指借用晨光或晚霞的光影颜色来衬托画面，特别是晚霞的光影，尤其美丽。图11-20所示为光影构图照片示例，该照片借用晚霞的光影来拍摄露营地的环境，呈现在画面中的颜色非常漂亮，而且明暗分明，极具层次感。

图 11-20　光影构图照片示例

9. 框式构图

框式构图，是指借用画面中的元素形成一个框式，然后将主体置于其中，聚焦人的视野。

图11-21所示为框式构图照片示例。其中上面这组照片中，帐篷两侧的树构成一个不规则的框架，能将观赏者的视线引导至帐篷上面，增强画面效果；而下面这组照片中，江边的拍照框是规则的长方形形状，透过该框架去拍摄江上的立交桥，只看框架里的画面，像是一幅画一样，突出了立交桥这一主体。

图 11-21　框式构图照片示例

10. 倒影构图

倒影构图，是指借用水面拍摄陆地上元素在水中的倒影，如树枝之美、月亮之美、晚霞之美等。

图11-22所示为倒影构图照片示例。在该照片中，露营者站在小桥和石头上面去拍摄树枝在水中的倒影，随着阳光的照射，水面上呈现出极为漂亮的光影效果，极具朦胧感，为照片整体画面增添了氛围感，如同仙境一般。

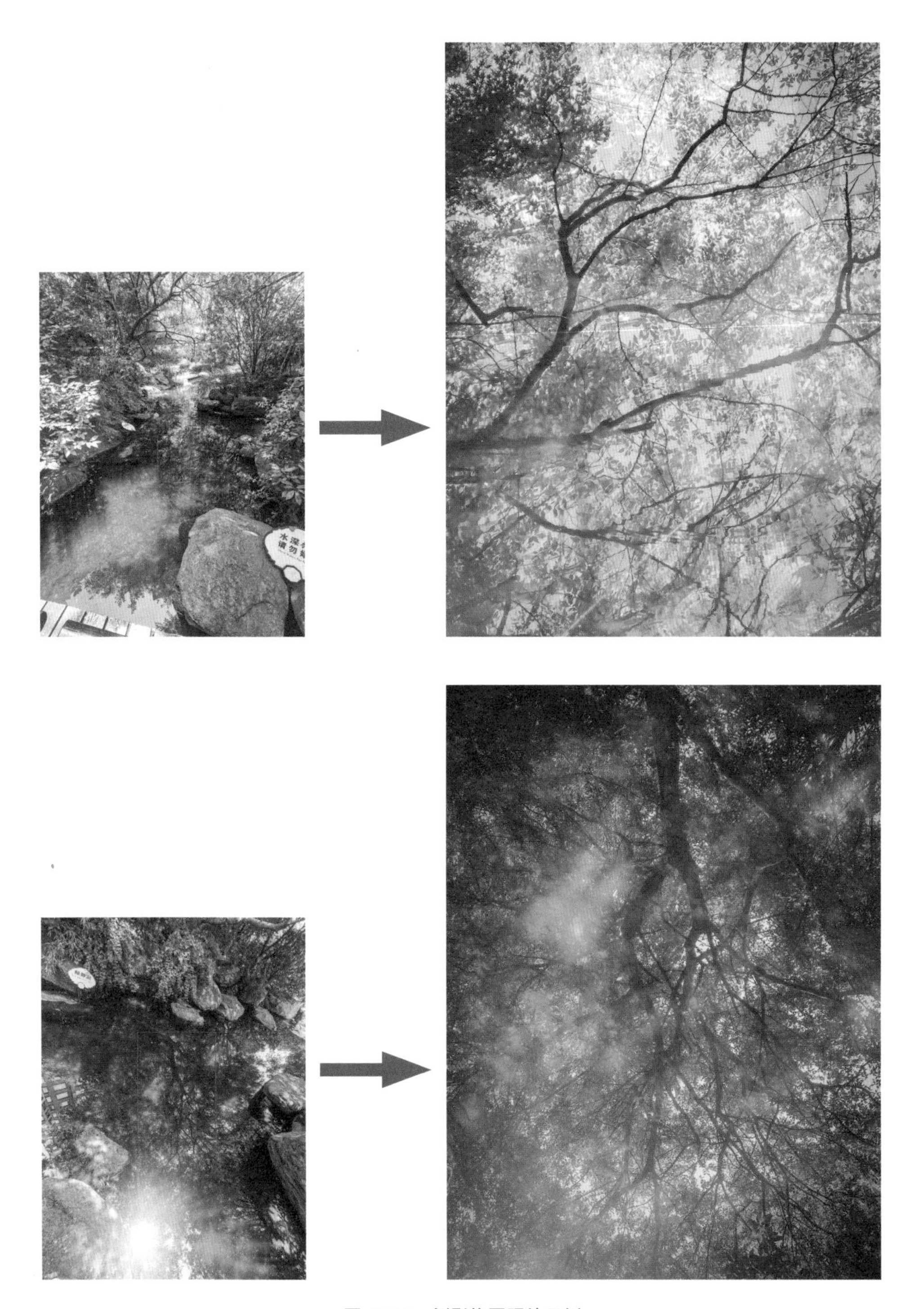

图 11-22　倒影构图照片示例

11.5 露营拍摄的时间点

不同时段的光线特点是不同的，尤其是早晚两个时段的光线，比较柔和，用手机拍摄这类光线的画面就很和谐、优美。本节就来介绍在露营时不同时段的光线拍摄技巧，帮助露营者们在各种时段都能用手机拍出好看的照片。

1. 早晚的光线

早晨、黄昏的阳光相对来说比较柔和，而且光线的质感和色彩都非常适合手机拍照。不过，手机摄影对于光线的强度也有一定的要求，因此建议大家可以选择在早晨太阳升起后及傍晚太阳落山前一个小时左右进行拍摄。这个时间点去拍摄，此时光线足够，而且呈现出暖色调，也不会太刺眼，是手机拍照的好时机，如图11-23所示。

图 11-23 太阳落山前的照片示例

2. 上午的光线

上午的光线主要是指从太阳升起一个小时左右，一直到中午11点左右，这段时间内的光线强度非常不错，透视感也非常强。

用手机拍照时注意，如果要表现大场景的风光照片，可以选择利用上午的光线来拍摄，光线比较通透，细节展现也非常好，如图11-24所示。

图 11-24　大场景的风光照片示例

3. 午间的光线

午间的光线主要是指中午12点左右的光线，尤其是在晴朗的天气下，光线非常强烈，通常是垂直照射在物体上面，形成顶光效果，可以很好地体现出被摄对象的上下立体感，如图11-25所示。

图 11-25　午间光线拍摄的照片示例

用手机拍照时需要注意，午间的光线特别强烈，拍出来的照片通常曝光过度，容易失真，因此要善于运用独特的构图手法来弥补光线的不足。

4. 下午的光线

下午的光线强度较硬，亮度较高，在这段时间内用手机拍摄照片很难拍出效果，因此需要结合光线的特点和一定的构图形式来出片。

在用手机拍摄耀眼的太阳光时，可以选择小光圈，使太阳光呈现出漂亮的星芒效果，如图11-26所示。

图 11-26　漂亮的太阳星芒效果

★ 温 馨 提 示 ★

总而言之，太阳就像是一个按照一定规律移动的发光点，当它处于不同的时间段时，出现的位置和角度也不一样，同时带来的色温和亮度也不同，大家在户外用手机拍照时，注意选取最佳的光线角度来拍摄。

11.6 露营拍照的重要细节点

在营地中拍照，有两个重要的细节点，分别是帐篷和美食，大部分露营者们都可以选择这两个细节点去拍露营照。本节就来为大家介绍露营拍照的重要细节点及其拍摄技巧。

1. 帐篷线

帐篷作为露营的重要标志之一，一定不能忘记拍摄与其相关的照片，下面介绍帐篷的具体拍摄内容。

（1）帐篷+人

“帐篷+人”是最为常用的摆拍内容，露营者们可以选择坐在帐篷旁边，或者待在帐篷里面，然后利用中心构图拍摄一张与帐篷的合影，突出主体，当然也可以借助一些物品（如书、宠物等）来缓解对镜头的紧张感，如图11-27所示。

图 11-27 “帐篷 + 人”的合影示例

★ 温馨提示 ★

在拍摄帐篷相关的露营照片时，一定要真实，即照片里面的内容看起来是能在现实生活中出现的场景，要有生活气息，这样的照片才是质量好的露营照片。

（2）帐篷+环境

除了拍摄“帐篷+人”的合影，露营者还可以拍摄一些“帐篷+环境”的照片，运用大小构图，在视觉上形成反差，并展示帐篷的周边环境，如图11-28所示。

图 11-28　“帐篷 + 环境”的合影示例

2. 美食线

露营拍照的重要细节点，除了帐篷，另一个就是美食了。美食可以拉近人与人之间的交流，不知道大家有没有注意到，在朋友圈发布照片时，美食相关的内容总是能获得更多人的点赞。

想象一下，看到美食的照片后是不是感觉自己也变饿了？那么，应该如何拍摄露营时的美食内容呢？下面就来详细介绍。

（1）拍摄制作美食时的热气

拍摄露营时的美食，一定不能忘记拍摄制作美食的过程，特别是要拍摄制作过程中产生的热气，它是体现露营真实感的一大重要细节点。

图11-29所示为露营时拍摄的制作美食过程的照片示例。可以看出，虽然人物的脸部没有出镜，但是重点也体现出来了，而且采用了光影构图，通过明暗对比，让画面更具层次感，突出了制作美食的过程、营地的环境等内容。

图 11-29　露营时拍摄制作美食过程的照片示例

此外，露营者还可以重点去拍摄制作美食时的热气，如制作烧烤的时候。烧烤有露营的氛围感，而且冒出的热气也非常多，能够在镜头中明显地看出来，拍摄完成之后可以通过后期处理使照片更加精美，如图11-30所示。

图 11-30　拍摄制作美食时热气的照片示例

（2）拍摄露营桌上的美食

除了拍摄美食的制作过程，还有一个重要的细节，就是要拍摄完整的美食。露营者们可以在美食摆放好之后、吃饭之前，拍摄桌上的美食全貌，还可以近距离拍摄美食，凸显美食的细节，如图11-31所示。

★ 温馨提示 ★

拍摄完吃饭之前的美食全貌后，露营者还可以拍摄一些正在吃和吃完之后的照片，正在吃的照片最好要露脸，吃完之后的照片则主要以空盘子为拍摄点，从侧面表达出食物的美味。

图 11-31

图 11-31　拍摄餐桌上的美食示例

★ 温馨提示 ★

除了本章介绍的6个露营拍照攻略，还有一些拍照技巧，如构图中还有斜线构图、对称构图等内容，由于页面限制，在此不再赘述，大家在露营前可以先学习相关的拍照技巧，以便于在露营时能拍出更为精美的照片。

第 12 章

8个拍视频技巧，记录专属Vlog

要想拍摄出优质的露营短视频，就需要露营者们掌握一定的视频拍摄技巧，如脚本拍摄规划、构图技巧和运镜技巧等。

本章就来为大家介绍 8 个视频拍摄技巧，从不同角度，帮助大家更好地拍摄出专业的露营 Vlog。

12.1 露营Vlog的脚本拍摄规划

在很多人眼中，Vlog（video log或video blog，视频日志、视频记录、视频博客）似乎比电影还好看，很多Vlog不仅画面和BGM（Background Music，背景音乐）劲爆、转折巧妙，而且剧情不拖泥带水，能够让人“流连忘返”。

而这些精彩的Vlog背后，都是靠Vlog脚本来承载的，脚本是整个Vlog内容的大纲，对于剧情的发展与走向有着决定性的作用。因此，要想拍摄出优质的露营Vlog，就需要写好露营Vlog的脚本。本节就为大家介绍露营Vlog脚本的拍摄规划。

1. 露营Vlog拍什么

去户外露营时，如果露营者们想要拍摄一个Vlog来记录专属的生活，那么应该拍什么呢？下面为大家详细介绍露营Vlog的拍摄规划。

（1）露营Vlog开头

在露营Vlog的开头，可以使用“远景+固定镜头”的拍摄方式，拍摄露营地的天空、营地的环境和行走的场景等内容，如图12-1所示。

图 12-1　露营 Vlog 开头画面示例

（2）露营Vlog中间

在露营Vlog的中间部分，可以拍摄露营中的比较有标志性的内容，如搭建帐篷、天幕的过程，做饭的场景，吃东西的场景，以及进行户外活动的场景等，这些都是露营时最为常见的画面。

（3）露营Vlog结尾

在露营Vlog的结尾，露营者们可以采用“远景+后拉镜头”的拍摄方式，拍摄夜幕降临时坐在天幕下交谈的场景，随着镜头慢慢往后拉，画面逐渐变黑，Vlog开始进入尾声，直至结束。

（4）露营Vlog最大亮点

观看其他的露营Vlog时，大部分露营者的拍摄都离不开搭建帐篷、吃饭、观赏美景等。所以，在拍摄露营Vlog时，也可以重点拍摄露营的吃（美食）、住（营地、帐篷的环境）、玩（户外活动）等内容。

此外，露营者还可以拍摄一些自己的独特体验和感受，因为每个人的露营经历都是独一无二的，将自己的最大感受和体验分享出来，并用生动、形象的方式呈现出户外露营的各个画面，让观看的人可以感受到户外露营的魅力，是最具独特性和有个人风格的，这也是你的露营Vlog中的最大亮点。

★ 温 馨 提 示 ★

制定露营Vlog脚本时，内容不需要太过详细，即某一个镜头一定要几秒、拍摄完开头之后一定要继续拍中间的部分等。这是因为在露营时，营地中可能存在着各种不确定的因素，我们无法准确预测到，所以在拍摄时，不必完全按照脚本的内容去拍摄，但同时也有了更大的发挥创作空间，这样的内容才会更加真实、精彩。

2. 露营Vlog的脚本模板

拍摄露营Vlog前，首先可以制定一个脚本，将想要拍摄、想要呈现出来的内容记录下来，然后再按照这个脚本内容去进行拍摄。下面为大家介绍一个简单的露营Vlog脚本模板，如表12-1所示。

表 12-1　一个简单的露营 Vlog 脚本模板

镜号	景别	运镜	画面	设备	备注
1	远景	固定镜头	站在远处拍摄营地的天空和环境	手机广角	片头
2	全景	跟随运镜	拍摄搭建帐篷的过程	手持稳定器	近景 + 特写 + 全景
3	近景	跟随运镜	准备食材、做饭的场景	手持拍摄	近景 + 特写
4	特写	固定镜头	人物跟食材的合拍画面	手持拍摄	特写
5	中景	固定运镜	坐在一起吃饭、交谈的画面	三脚架	中景
6	全景	固定镜头	拍摄玩游戏的场景	三脚架	全景 + 近景
7	远景	后拉镜头	夜晚坐在篝火旁谈心的画面	手持稳定器	片尾

制定好脚本模板后，露营者需要提前准备好需要辅助的道具，如手机三脚架、手持稳定器等，以免到时候花费大量的时间和金钱去重新做准备。

3. 露营Vlog的脚本拍摄的分工

拍摄露营Vlog时，有一些活动可能是同时进行的，所以只有一个人去拍摄的话，可能刚拍完第一个活动，其他活动就结束了。因此，拍摄时需要一定的配合，露营者可以通过互助合作的方式来分工协作。下面为大家介绍拍摄分工的详细内容。

❶ 专人专拍：即安排专门的人去拍摄专门的内容，如安排其中一位露营者去拍搭建帐篷的场景、一位露营者拍摄美食的制作过程等。

❷ 专景专拍：即专门的景色由专门的人负责，如安排其中一位露营者去拍营地的环境、一位露营者去拍营地周边的自然景观等。

❸ 擅长结合：可以根据每个人的擅长点去分工合作，如某位露营者擅长拍人物，那么他就可以专门去拍单人的幕后花絮等。

12.2 视频拍摄时的手机设置

随着手机功能的不断升级，几乎所有的智能手机都有视频拍摄功能，但不同品牌或型号的手机，其视频拍摄功能也会有所差别。

下面以OPPO手机为例，介绍手机相机的视频拍摄功能设置技巧。打开手机相机后，点击“视频”按钮，如图12-2所示，即可切换至视频拍摄界面。

图 12-2　点击“视频”按钮

点击图标，可以设置闪光灯，如图12-3所示，开启闪光灯功能后，在弱光情况下可以给视频画面进行适当补光。点击图标，弹出相关列表框，点击图标，进入“设置”界面，在“通用”选项区中选择“参考线”选项，弹出“参考线”对话框，选择“网格线”选项，即可打开九宫格辅助线，从而帮助露营拍摄者更好地进行构图取景，如图12-4所示。

图 12-3　设置手机闪光灯

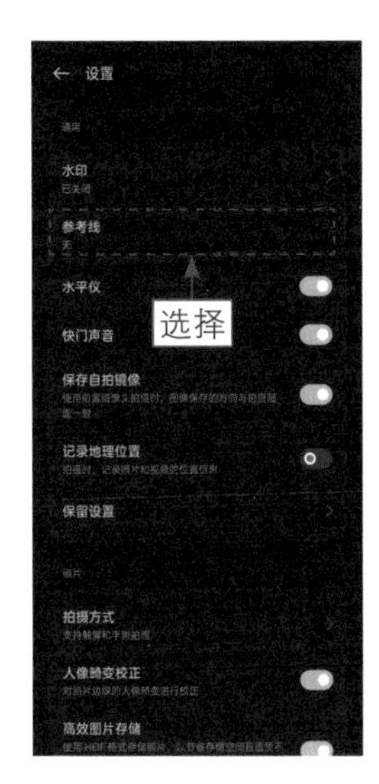

图 12-4　打开九宫格辅助线

图12-5所示为使用OPPO Reno 8 Pro+手机拍摄的露营短视频，其后置主摄像头为5000万像素的镜头，而且拥有超强的防抖功能，防抖实力非常强劲，拍摄的视频画面非常稳定、清晰。

图 12-5　使用 OPPO Reno 8 Pro+ 手机拍摄的露营短视频

12.3　拍摄露营的延时视频

户外露营时可以拍摄一些延时视频，来记录露营生活。本节就来为大家介绍拍摄露营延时视频的相关内容。

1. 延时视频怎么拍

延时视频，又称缩时摄影，主要是指在一段较短的视频中，涵盖了一段时间内的画面变化，能将时间压缩。

手机中的“延时摄影”功能十分强大，可以一次性出成片，如果对视频的质量要求不高，只是发朋友圈的话，还是没有问题的。用手机拍摄延时视频不仅方便，操作也很简单，没有复杂的后期处理流程。下面就来介绍如何拍摄延时视频。

（1）准备工作

在使用手机拍摄延时视频之前，需要先做好一些准备工作，具体内容如下。

❶ 保证电量充足：在拍摄延时视频之前，首先需要保证手机的电量充足，因为延时摄影的拍摄时间会比较长，基本是30分钟以上，如果拍到一半突然关机了，那么前面的视频都白拍了，手机不会自动保存。特别是在温度较低的环境下，手机的放电速度会更快。

所以，在拍摄延时视频前，要先检查手机的电量。如果电量不够的话，可以在手机上接一个充电宝，一边充电一边拍摄延时视频，这样操作也是可以的。现在市面上有很多迷你充电宝，不仅体积小巧，出门携带也十分方便。

❷ 固定好手机：如果要把手机固定在某个位置拍摄延时视频，就需要用三脚架来稳定画面，手机所使用的三脚架比相机的三脚架要轻，毕竟手机也没有相机那么重。在三脚架的顶端会有一个专门用来夹住手机的支架，将手机架起。

❸ 设置飞行模式：为防止在拍摄过程中手机受到来电或短信的干扰，建议大家将手机设置为飞行模式。这样就可以安安心心地拍延时视频了，等视频拍摄完成后，再取消飞行模式。在飞行模式下，最好把 Wi-Fi 也关闭，以免受到微信、QQ 等 App 的影响。

（2）实战拍摄

做好准备工作之后，露营者就可以开始实战拍摄了。下面以 OPPO 手机为例，为大家介绍详细的拍摄操作。

步骤 01 首先，打开手机自带的相机，点击“更多”按钮，如图12-6所示。

步骤 02 执行操作后，点击“延时摄影”按钮，如图12-7所示。

步骤 03 执行操作后，进入“延时摄影”界面，手机默认的延时速度为10x（即每拍摄10秒视频，就会自动生成1秒的延时视频）。如果露营者们想要更换速度，也可点击该界面中的按钮，如图12-8所示。

步骤 04 弹出所有速度选项，点击其中一个按钮，如点击按钮，如图12-9所示。

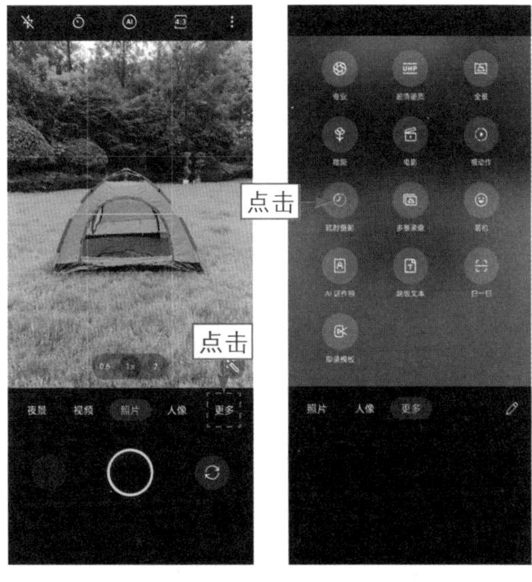

图 12-6　点击“更多”按钮

图 12-7　点击“延时摄影”按钮

图 12-8　点击相应按钮（1）

图 12-9　点击相应按钮（2）

步骤 05 执行操作后，点击●按钮，如图12-10所示，即可开始拍摄。

步骤 06 因为选择的速度是60x，所以每拍摄1分钟的视频，系统就会自动生成1秒的延时视频，如图12-11所示。

图 12-10　点击相应按钮（3）

图 12-11　自动生成 1 秒的延时视频

2. 在露营时应该拍什么

了解了怎么拍延时视频之后，露营者们就可以借助该方法在营地中拍摄延时视频，那么在露营时具体可以拍什么呢？下面就来为大家详细介绍。

（1）搭建帐篷的延时视频

搭建帐篷是一个非常耗时的过程，所以用来拍摄延时视频非常合适，但是在拍摄帐篷搭建时，露营者们要注意以下几个事项。

❶ 固定设备：拍摄延时视频前一定要固定好拍摄设备，且中间不能去移动它。

❷ 保持距离：在搭建帐篷的过程中，可能会有人员移动，所以有时会遮挡镜头，从而影响延时视频的质量。

拍摄搭建帐篷的延时视频，能够让人直观地感受到营地的生活，将其添加到露营Vlog中去，能丰富Vlog的内容，如图12-12所示。

图 12-12　搭建帐篷的延时视频画面截图

（2）做饭的延时视频

在露营中，做饭的过程也是非常重要的，拍摄延时视频，可以看到露营人员忙碌的身影，显示出露营生活的充实，为露营Vlog增添新亮点，如图12-13所示。

图 12-13　做饭的延时视频画面截图

（3）星空延时视频

在露营地中，一定不要忘记拍摄星空的延时视频，从星空延时视频中，可以看到天空同一个位置发生的变化，感受到时间的推移，如图12-14所示。

图 12-14　星空延时视频画面截图

在营地拍摄星空延时视频时，露营者需要注意以下几个事项。

❶ 不能移动：星空延时视频需要长时间拍摄，才能显示出星空的变化，所以在拍摄时不能移动镜头。

❷ 及时结束：拍摄星空延时视频时，在天空完全亮之前，要及时结束拍摄，否则容易曝光过度，损坏之前拍摄的成果。

★ 温 馨 提 示 ★

如果想要对延时视频的拍摄技巧有更为深入的了解，露营者们可以学习《延时摄影与视频剪辑从小白到高手：拍摄 + 调色 + 去闪 + 合成 + 防抖》这本书的内容，里面介绍了 22 种延时摄影题材的拍摄方法，能帮助读者从新手小白快速成长为延时大咖。

12.4 手持手机拍出稳定的视频

手持手机应该如何拍摄出优质稳定的视频呢？本节就来介绍相关的技巧。

❶ 拍摄器材：只有拍摄器材稳定了，视频画面的清晰度才有保障，如果手机在拍摄时不够稳定，就会导致拍摄出来的视频画面非常模糊，甚至看不清楚画面的内容。所以，露营者在拍摄视频时，要固定好手机，保持画面的稳定，从而得到画面更为清晰的视频。

❷ 双手夹机：大部分情况下，在拍摄短视频时，我们都是用手持的方式来保持拍摄器材的稳定。图12-15所示为拍视频的持机方式操作技巧示例，用双手夹住手机，从而保持稳定，获得清晰的画面效果。

图 12-15　拍视频的持机方式操作技巧示例

★温馨提示★

千万不要只用两根手指夹住手机，尤其是在一些高的建筑、山区、湖面及河流等地方拍视频时，这样拿手机非常容易掉下去。如果一定要单手持机，则最好用手紧紧握住手机；如果是两只手持机，则可以使用“夹住”的方式，这样更加稳固。

❸ 放置平稳：露营者们可以将手肘放在一个稳定的平台上，减轻手部的压力，或者使用三脚架、八爪鱼及手持稳定器等设备来固定手机，并配合无线快门来拍摄视频。

❹ 调整呼吸：在拍摄过程中，露营者们除了要平稳拿、缓慢移动外，还需要调整自己的呼吸，避免画面发生抖动。

12.5　拍摄露营Vlog的构图技巧

构图是通过将人物、景物等进行合理的安排和布局，使画面看上去更加美观、更有艺术感，从而更好地展现露营者想要表达的主题。本节主要介绍拍摄Vlog的6种常用构图技巧，帮助大家拍摄出更为优质的露营Vlog。

1. 对称构图

对称构图的含义很简单，就是将整个画面以某个标准，如横向或竖向，再或斜面等，形成一种对称的画面美感。对称式构图不仅具有形式上的美感，同时具有稳定、平衡、相互呼应的特点。下面以上下对称构图为例，为大家详细介绍其拍摄技巧。

上下对称构图，是指利用中间的水平线，将画面平均分成上下两份，整个画面对称、和谐。如果露营地周边有湖泊的话，就可以使用上下对称构图，拍摄岸上的风景与水中的倒影，使其形成自然、和谐的对称画面，如图12-16所示。

图 12-16　上下对称构图视频画面示例

2. 对角线构图

对角线构图，是指画面中的两个对角之间形成一根或者几根连线。但是，千万不要为了对角而对角，否则效果可能适得其反。使用对角线进行构图的好处就是，能利用画面长度的优势，让画面变得有动感，时刻牵引着人的视线，这类构图方法比较适合拍摄露营风景，如图12-17所示。

图 12-17　对角线构图视频画面示例

3. 多点构图

多点构图，顾名思义，就是在画面全部或部分区域有多个被摄主体存在，这个构图技巧超级实用。多点构图还有一个更为形象的名字——棋盘式构图。

（1）多点构图拍摄花丛

拍摄花丛时，因为花丛的主体较多，分布也比较密集，此时适合采用多点构图。在拍摄密集的花丛时，应调整位置，尽量从花丛的斜侧面进行拍摄，如图12-18所示，可以给观赏者带来轻松明快的视觉感受，增强视频画面的表现力。

图 12-18　多点构图拍摄花丛视频画面示例

拍摄花丛时要注意，首先选择一个好的光线角度，通常可以使用侧光、斜侧光、侧逆光等来表现花丛的空间感；其次，在构图方面，使用最多的就是棋盘式构图，这种构图形式可以很好地展现多个画面主体，营造出充满活力的花丛画面氛围。

（2）多点构图拍摄花朵

除了花丛，花朵也十分适合运用多点构图，当然并不是所有的花朵都适合，选择多点构图拍摄的花朵一定要具有足够亮眼的点才行，如图12-19所示。

图 12-19　多点构图拍摄花朵示例

上图拍摄时选用了微距镜头，将一枝花作为主体，并虚化背景，让背景产生光斑效果，虚实对比非常强烈，从而可以突出主体，展现其细节特征。

4. 框架式构图

在拍摄露营Vlog时，露营者们也可以使用框架式构图让视频画面看起来更有空间感。图12-20所示为框架式构图视频画面示例，以周边的树木组成了一个不规则的框架，而帐篷处于这个框架中，能让人感受到多维空间感，提升层次感。

图 12-20　框架式构图视频画面示例

5. 中心构图

在拍摄露营人像Vlog时，也可以使用中心构图，能让主体更突出。图12-21所示为中心构图视频画面示例，在该画面中，主体（天幕及露营者们）位于画面正中心，背景是树和建筑物，使用这种构图拍摄露营Vlog，能极大地提高主体人物的存在感，聚集视线焦点。

图 12-21　中心构图视频画面示例

6. 透视构图

透视构图是指视频画面中的某一条线或某几条线，由近及远形成延伸感，能使观赏者的视线沿着视频画面中的线条汇聚成一点。在拍摄露营Vlog时，透视构图分为单边透视和双边透视。

（1）单边透视构图

单边透视，是指视频画面中只有一边带有由近及远形成延伸感的线条。使用单边透视构图去拍摄露营Vlog，可以增强视频拍摄主体的立体感。

（2）双边透视构图

双边透视，是指视频画面两边都带有由近及远形成延伸感的线条。双边透视构图能很好地汇聚观赏者的视线，使Vlog画面更具动感和深远意味，如图12-22所示。

图 12-22　双边透视构图视频画面示例

12.6 拍摄露营风光视频

去大自然中露营，很容易看到各式各样的风光美景，记录下这些美丽的画面是大多数露营者的选择。当然，拍摄露营风光美景也并不简单，需要露营者善于与大自然进行交流，去发掘它的独特魅力。本节就来为大家介绍拍摄露营风光视频的相关技巧。

1. 山景

大自然中的山可以说是千姿百态，不同时间、不同位置、不同角度下的山，可以呈现出不同的表现形式，露营者用手机拍照时，可以充分利用山的形状来进行构图取景，展现美不胜收的山景风光。

在黄昏的夕阳下，可以运用逆光剪影的形式来展现山岳的轮廓，增强画面的明暗层次感，如图12-23所示。黄昏时分的光线比较弱，逆光拍摄时可以适当增加手机相机的曝光时间，防止画面出现曝光不足的情况。

山脉的形态万千，不但有单独的山峰，也有很多连绵不绝、高低起伏的山脉。在大山间行走时，可以多观察、多发现，抓住细节来表现山脉风光，可以拍摄到截然不同的画面效果。图12-24所示为展现山川险峻特点的视频画面示例，山峰的起伏非常陡峭，在拍摄时就需要找一个比较高的位置，运用平视的角度近距离地展现山川的险峻。

图 12-23　山岳剪影的视频画面示例

图 12-24　展现山川险峻特点的视频画面示例

2. 水景

在拍摄江河、湖泊、大海、小溪及瀑布等水景时，画面经常充满变化，露营者可以运用不同的构图形式，再融入不同的光影和色彩表现，赋予画面美感。

露营者拍摄高山峡谷间蜿蜒的河流或溪水时，可以采用平视的拍摄角度，在画面横向和纵向上纳入更多的风光。如果想要拍摄出丝滑朦胧的瀑布效果，则可以使用慢速快门，得到雾化的水流效果，使其形成一种空间透视构图，展现水流的动态美，如图12-25所示。

图 12-25　高山峡谷间溪水的视频画面示例

3. 日落

日落是非常浪漫、感人的画面，也是拍视频的黄金时段。拍摄日落视频在露营中极为常见，露营者们在开阔的营地即可拍摄出具有独特美感的照片效果。

图12-26所示为日落视频的画面示例。在该画面中，太阳马上就要落山，天空中的云呈现出的色彩非常丰富，离太阳近的地方为黄色，然后变为橙色、淡粉色，最

远的地方则为绿色、蓝色，形成了一种渐变的色彩效果，同时也形成了冷暖对比效果，这种变幻莫测的云彩可以吸引人们的注意，增强画面的表现力。

图 12-26　日落视频的画面示例

4. 云雾

云雾是一种比较迷人的自然风光，它是由很多小水珠形成的，可以反射大量的散射光，因此画面看上去非常柔和、朦胧，让人产生如痴如醉的视觉感受。

在某些山区，雨后的山坡上总是会出现云雾缭绕的奇观，这同样值得露营者们按下手机快门。如果画面中的雾气比较淡，而且容易流动，则可以用来拍摄山水、风景等题材；如果画面中的云雾比较多，则可以适当增加手机相机的曝光补偿参数，提高画面的亮度和对比度，同时使用大场景的横画幅进行构图。

在太阳尚未露出、雾气还没有完全消散之际，用手机拍摄雾中的山水，可以展现出雾气的缥缈质感，如图12-27所示。

图 12-27　展现雾气缥缈质感的视频画面示例

图12-27所示为正常状态下拍摄的视频画面，如果露营者们想要让视频画面的明暗层次感更强烈，可以在剪映App中使用黑白滤镜调整整个视频的色调，让水面上的雾气看上去更浓厚。图12-28所示为使用黑白滤镜拍摄山间晨雾的视频画面示例。

图 12-28　使用黑白滤镜拍摄山间晨雾的视频画面示例

★ 温 馨 提 示 ★

如果露营者们想要学习更多关于风光摄影的知识与技巧，可以参考《60 招玩转风光摄影与后期》（视频教学版）这本书，该书从“功能”“摄影”“后期”3 个方面详细介绍了风光摄影技巧与后期技法，能教读者制作出露营风光大片。

《剪映短视频剪辑从入门到精通：调色+特效+字幕+配音》这本书从调色、特效、字幕和配音4个方面详细介绍了短视频的剪辑操作技巧，露营者们在制作露营视频时，如果对后期制作存在一定的问题，或者想要让视频更加精美、专业，可以参考这本书中的内容，从而更快速、更简单地制作出露营视频。

12.7　经典运镜技巧：全景摇摄

在户外露营时，如果遇到了开阔的风景，可以使用全景摇摄运镜，让所有的风景都入画。本节就来介绍全景摇摄运镜的相关内容。

1. 画面示例

全景摇摄运镜的画面示例如图12-29所示。

图 12-29　全景摇摄运镜的画面示例

2. 脚本与实战图解

全景摇摄运镜的脚本与实战图解如表12-2所示。

表 12-2　全景摇摄运镜的脚本与实战图解

脚本	设备	景别	拍摄示例	实战图解
❶镜头拍摄左侧的风景	手机 + 稳定器	远景		
❷镜头从左至右摇摄	手机 + 稳定器	远景		
❸镜头摇摄到右侧的湖边风景	手机 + 稳定器	远景		
手机稳定器拍摄模式：云台跟随				
全景摇摄运镜的作用：在全景摇摄的过程中，镜头慢慢转动，风景一点一点地展现出来，让人代入第一视角，从而产生身临其境的感觉				

3. 注意事项

在使用全景摇摄运镜拍摄露营视频时，露营者们需要注意以下几个事项。

❶ 选择位置：在摇摄时，注意拍摄者所处的位置，最好选择开阔、人少和没有障碍物的位置，这样拍出来的画面更加简洁。

❷ 注意构图：露营者们在拍摄时，要注意画面构图，拍出对称和具有美感的视频画面。

❸ 保持匀速：在摇摄转动镜头时，最好保持匀速，尽量慢速拍摄，这样才能让画面又稳又流畅。

12.8 经典运镜技巧：环绕跟随转移视点

环绕跟随转移视点运镜，主要是指镜头从人物的左侧跟随人物并环绕至右侧，在人物转身时，镜头前推转移视觉焦点。本节就来介绍环绕跟随转移视点运镜的相关内容。

1. 画面示例

环绕跟随转移视点运镜的画面示例如图12-30所示。

图 12-30 环绕跟随转移视点运镜的画面示例

2. 脚本与实战图解

环绕跟随转移视点运镜的脚本与实战图解如表12-3所示。

表 12-3　环绕跟随转移视点运镜的脚本与实战图解

脚本	设备	景别	拍摄示例	实战图解
❶镜头从人物左侧开始跟随人物	手机 + 稳定器	全远景	主体	
❷在人物前行的时候，镜头跟随并环绕人物	手机 + 稳定器	全景	主体	
❸人物停下转身看风景，镜头环绕到人物背面	手机 + 稳定器	中近景	主体	
❹镜头从人物的左侧向前推，将焦点转移到风景上	手机 + 稳定器	远景	主体	
手机稳定器拍摄模式：云台跟随				
环绕跟随转移视点运镜的作用：在环绕跟随的过程中一直都是以人物为中心，然后随着人物转身，将焦点转移到风景上，这也是露营类 Vlog 中常见的转场镜头				

★ 温馨提示 ★

除了本章介绍的 8 个拍视频技巧，还有一些运镜技巧，如上摇后拉运镜、过肩后拉运镜、上升俯视运镜、下移前推运镜、正面跟随运镜等内容，由于页面限制，在此不再赘述。

关于运镜的知识，大家可以参考《手机视频运镜技巧 119 招：从脚本、拍摄到剪辑》这本书，该书从脚本策划到运镜拍摄，再到后期剪辑，都做了全面且详细的讲解，露营者们可以参考这本书中的内容进行相关操作，相信能够帮助大家从小白进阶为运镜大师。

第 13 章

6个航拍技巧，感受更美的风景

除了使用手机和相机拍摄露营风光，露营者们还可以使用无人机进行航拍，从不同的角度和方位感受露营地的风景。

本章以大疆 Mavic 3 Pro 无人机为例，为大家介绍 6 个航拍技巧，希望能帮助露营者拍摄到更为独特、美丽的航拍视频和照片，全方位地领略营地的风景。

13.1　构图取景的3个角度

在户外摄影中，不论是用无人机还是相机，选择不同的拍摄角度拍摄同一个物体时，得到的照片区别非常大。不同的拍摄角度会带来不同的感受，并且选择不同的视角可以将普通的被摄对象以更加新鲜、别致的方式展示出来。本节主要介绍构图取景的3个常用角度，即平视、仰视和俯视。

1. 平视

平视是指在用无人机拍摄时平行取景，取景镜头与拍摄物体高度一致，这样可以展现画面的真实细节。

图13-1所示为平视照片示例。平视拍摄照片可以使山体的细节更加明显，立体感更强，显得非常有质感。

图 13-1　平视照片示例

平视斜面构图可以规避一些缺陷，如拍摄雕像时，个别人物的眼睛大小不一样，在这种情况下可以使用左斜面式构图、右斜面式构图等，扬长避短，适当修饰缺陷。使用平视斜面构图拍摄建筑一角，可以展现出建筑强烈的立体空间感。

2. 仰视

在航拍摄影中，只要是抬高相机镜头拍的照片，都可以理解成仰拍，仰拍的角度不一样，拍摄出来的效果自然不同，只有耐心和多拍，才能拍出不一样的照片效果。仰拍会让画面中的主体呈现出高耸、庄严、伟大的感觉，同时展现出视觉透视感。

图13-2所示为使用无人机仰拍的山体和人物照片。仰拍照片可以让山体看起来非常高耸、庄严，让人物看起来更具神秘感，整张照片会给人一种极强的压迫感。

图 13-2　使用无人机仰拍的山体和人物照片

3. 俯视

俯视，简而言之，就是选择一个比主体更高的拍摄位置，主体所在平面与拍摄者所在平面形成一个相对大的夹角。

图13-3所示为俯视航拍的照片示例。该照片是由无人机飞到空中，向下俯拍主体（帐篷和露营者们）。俯视角度会让拍摄主体看起来很小，有利于展现其周边的环境，较高的拍摄位置能让画面更有纵深感。

图 13-3　俯视航拍的照片示例

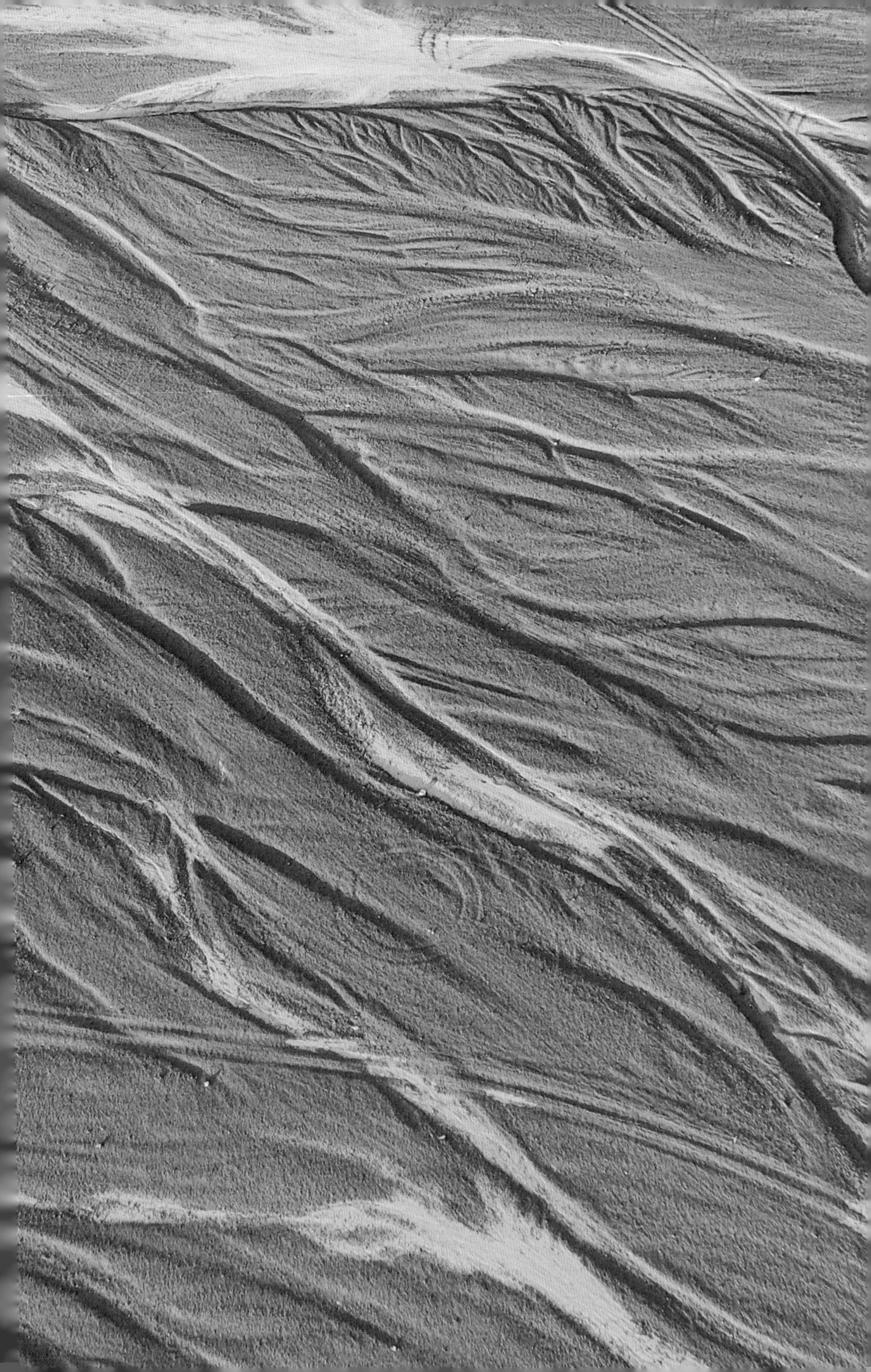

13.2 用“渐远”模式实现自拍效果

一键短片模式中的“渐远”模式是指无人机以目标为中心逐渐后退并上升飞行，露营拍摄者可以使用这个模式来实现自拍，还可以对着无人机打招呼。本节就为大家介绍具体的操作方法。

1. 选择拍摄目标

使用“渐远”模式拍摄露营视频时，需要先选择拍摄目标（一般是帐篷或者天幕），无人机才能进行相应的飞行操作。下面介绍具体的操作方法。

步骤 01 在DJI Fly App的相机界面中，点击右侧的按钮，如图13-4所示。

图 13-4 点击相应的按钮（1）

步骤 02 在弹出的面板中，❶选择“一键短片”选项中的“渐远”拍摄模式；❷点击按钮，如图13-5所示，选择帐篷前面的露营者为目标。

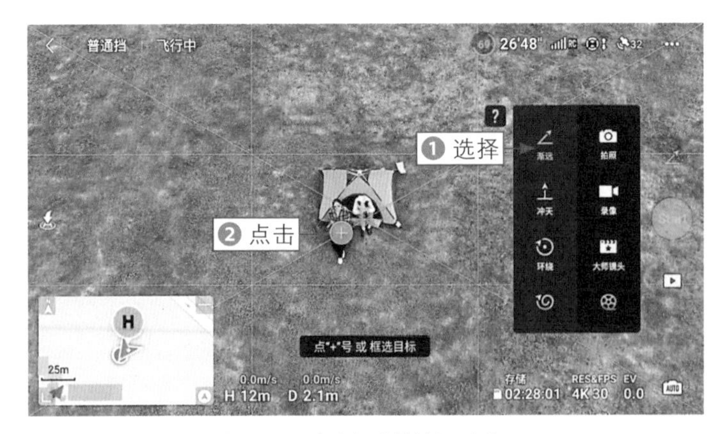

图 13-5 点击相应的按钮（2）

2. 使用无人机进行飞行拍摄

露营拍摄者在选好目标后，接下来无人机就可以进行飞行拍摄了。下面介绍具体的操作方法。

步骤 01 帐篷前的露营者被选择之后，会在绿色的方框内，默认飞行“距离”参数为30m，点击Start按钮，如图13-6所示。

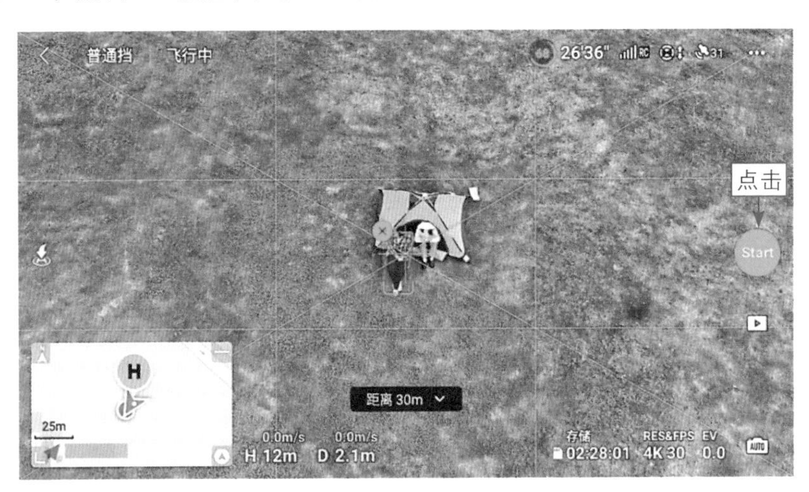

图 13-6 点击 Start 按钮

★ 温 馨 提 示 ★

点击“距离”右侧的下拉按钮，可以更改飞行距离。

步骤 02 执行操作后，无人机开始进行后退和拉高飞行，如图13-7所示。

图 13-7 无人机进行后退和拉高飞行

步骤03 拍摄任务完成后，无人机将自动返回到起点，如图13-8所示。

图 13-8　无人机将会自动返回到起点

步骤04 使用“渐远”模式拍摄的视频效果如图13-9所示。

图 13-9　使用“渐远”模式拍摄的视频效果

3.3　用“冲天”模式俯视营地

露营拍摄者使用“冲天”模式拍摄时，在框选目标对象后，无人机的云台相机垂直90度俯视目标对象，然后垂直上升，离目标对象越飞越远，能直观地俯视营周围的环境。下面介绍具体的操作方法。

步骤 01 在拍摄模式面板中，❶选择“一键短片”选项；❷选择“冲天”模式，如图13-10所示。

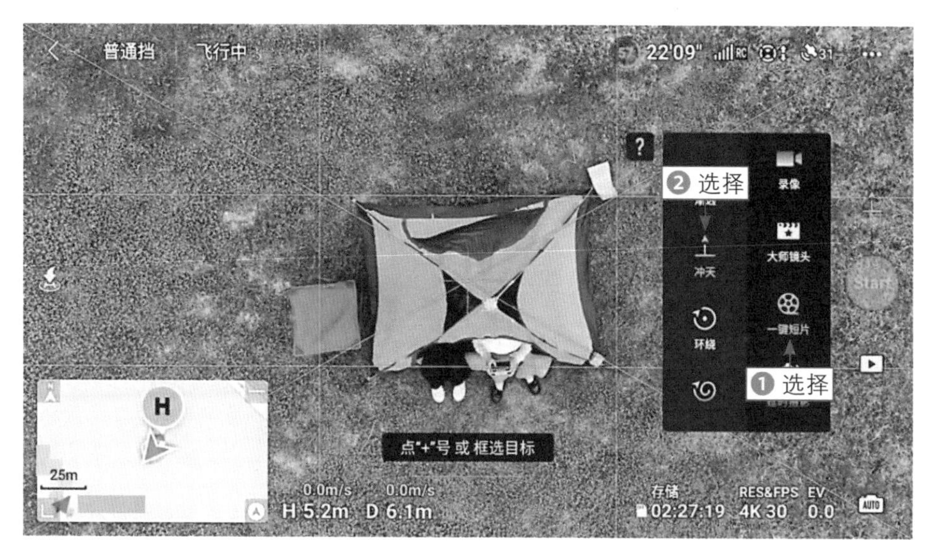

图 13-10　选择“冲天”模式

步骤 02 ❶框选好目标（帐篷），默认“高度”为30m；❷点击Start按钮，如图13-11所示。

图 13-11　点击 Start 按钮

步骤 03 无人机即可开始进行冲天飞行，拍摄完成后，将自动飞回起点，如图13-12所示。

图 13-12　无人机自动飞回起点

步骤 04 使用“冲天”模式拍摄的视频效果如图13-13所示。

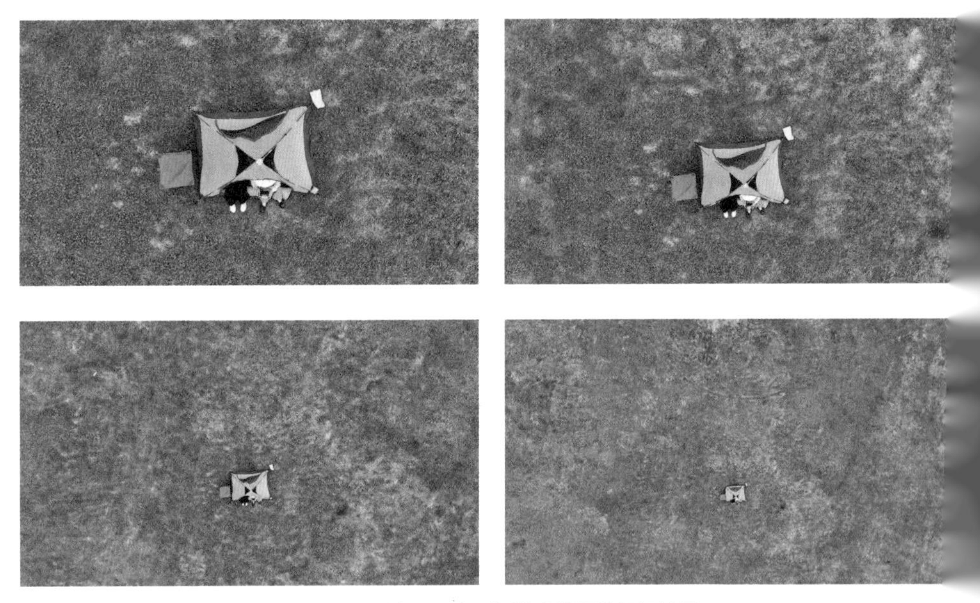

图 13-13　使用“冲天”模式拍摄的视频效果

13.4　用“小行星”模式拍摄营地全貌

使用“小行星”模式拍摄时，可以完成一个从局部到全景的漫游小视频，效非常吸人眼球。下面介绍具体的操作方法。

步骤01 在拍摄模式面板中，❶选择“一键短片”选项；❷选择“小行星”拍摄模式，如图13-14所示。

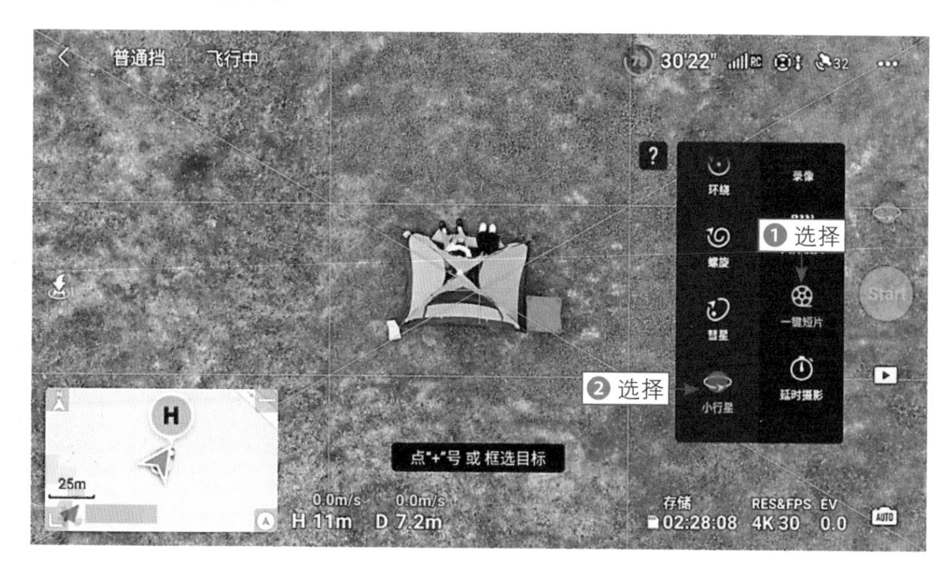

图13-14　选择“小行星”拍摄模式

步骤02 ❶用手指在屏幕中框选帐篷为目标点；❷点击Start按钮，如图13-15所示，无人机开始飞行。

图13-15　点击Start按钮

步骤03 执行操作后，即可使用“小行星”模式拍摄一键短片，视频效果如图13-16所示。

图 13-16　使用“小行星”模式拍摄的视频效果

13.5　拍摄环绕延时展示营地的变化

目前大疆无人机包含4种延时模式，分别为自由延时、环绕延时、定向延时和轨迹延时。露营拍摄者选择相应的延时拍摄模式后，无人机将在设定的时间内自动拍摄一定数量的序列照片，并生成延时视频。本节主要以环绕延时为例，为大家介绍环绕延时摄影模式的拍法，帮助露营者展示营地的时间、活动等变化。

1. 航拍延时前的准备

延时摄影能够将时间大量压缩，将几个小时中拍摄的画面，通过串联或者抽帧数的方式将其压缩，缩短时间播放，在视觉上给人震撼感。

如今，大疆生产的大部分无人机已经内置了延时拍摄功能，新手也可以轻松拍摄出电影级延时摄影大片。下面主要介绍航拍延时的相关注意事项，让大家做好拍摄准备。

（1）了解拍摄要点

航拍延时的最终效果是浓缩的视频，它具有以下几个特点。

❶ 可以浓缩时间，航拍延时可以把航拍的20分钟时间在10秒钟内，甚至是5秒内播放完毕，展现时间的飞逝。

❷ 航拍延时的时候，推荐大家以照片的形式进行拍摄，然后再通过后期制作

成视频。照片所需的容量要比记录20分钟的视频空间小很多，同时也为后期处理提供了空间。

❸ 航拍延时画质高，夜景快门速度可以延长至1秒拍摄，能够轻松控制噪点。

❹ 航拍延时可以长曝光，在快门速度达到1秒后，车辆的车灯和尾灯就会形成光轨。

❺ 露营拍摄者可以选择拍摄DNG格式的原片，后期调整的空间很大，这样可以让制造出来的视频画质更高，保留更多的图像细节。

对于航拍延时的拍摄要点，下面总结了一些经验技巧。

❶ 飞行高度一定要尽量高，距离拍摄物体有一定距离后，可以在一定程度上忽略无人机带来的飞行误差。

❷ 一定要采用边飞边拍的智能飞行模式拍摄，自动飞行远比停下来拍摄稳定，也比手动操作稳定。

❸ 飞行速度一定要慢，一是为了使无人机在相对稳定的速度下拍摄，使画面不至于模糊不清；二是因为航拍延时要拍摄几分钟左右的时间，只有很慢的速度才能使最终的视频播放速度恰当，如拍摄一段旋转下降的延时视频，如果飞行速度太快，那么旋转的速度就会很快，最终的视频画面会让人看得头晕。

❹ 间隔越短越好。建议大家在拍摄时，最好设置2秒的拍摄间隔，也不要通过手动按快门的方式拍摄。

❺ 避免前景过近，后景层次太多。无人机毕竟有误差，前景过近或后景层次太多都会影响后期的画面稳定性，无法修正视频抖动的情况。

❻ 要熟悉无人机最慢可以接受的慢门速度。根据测试，在1.6秒的快门速度下，延时视频的清晰度就会急剧下降，建议快门速度控制在1秒左右。

❼ 建议在飞行前校准指南针，减缓定向延时、轨迹延时飞行方向的偏差。

❽ 航拍延时的时候，建议在无风或微风的环境下进行拍摄，因为风速过大会影响无人机的稳定，风太大会导致延时成片抖动，建议在开始拍摄前通过目视或观察姿态，判断无人机的姿态是否平稳。

❾ 要避免强光闪烁，建议避免在画面中出现户外大屏、舞台灯光等。

❿ 为了避免成片主体不完整，建议在取景框内进行构图拍摄。

（2）做好准备工作

延时拍摄需要花费大量的时间成本，有时需要几个小时才能拍出一段理想的片，如果不想自己拍出来的是废片，就要事先做好充足的准备，才能更好地提高出效率。下面介绍几个延时航拍前的准备工作。

❶ 存储卡在延时拍摄中很重要，在连续拍摄的过程中，如果SD卡（Secure Digital Memory Card，安全数码卡）存在缓存问题，就很容易导致画面卡顿，甚至漏，在拍摄前，最好准备一张大容量、高传输速度的SD卡。

❷ 设置好拍摄参数，推荐大家用M档拍摄，可以在拍摄中根据光线变化调整光圈、快门速度和ISO（International Organization for Standardization，感光度）参数。

❸ 建议打开保存原片设置，保存原片会给后期调整带来更多的空间，也可以制作出4K分辨率的延时视频效果。

❹ 白天拍摄延时的时候，建议配备ND64滤镜，降低快门速度为1/8，达到延时视频比较自然的动感模糊效果。

❺ 建议露营拍摄者采用手动对焦，对准目标自动对焦完毕后，切换至手动模式，避免拍摄途中焦点漂移，导致拍摄出来的画面不清晰。

❻ 由于延时拍摄的时间较长，建议露营拍摄者让无人机在充满电或者电量充足的情况下拍摄，避免无人机没电，影响拍摄效率。

（3）注意事项

建议新手拍摄者在开始学习航拍延时视频时，先从无人机内置的延时功能开始学习，后续再根据拍摄需求增加自定义拍摄方法。

（4）保存RAW格式

在航拍延时的时候，一定要保存延时摄影的原片，否则无人机在拍摄完成后，只会合成一个1080p的延时视频，这个视频像素并不能满足我们的需求，只有保存了原片，后期调整空间才会更大，制作出来的延时视频效果才会更好看。

下面介绍保存RAW格式的操作方法，具体步骤如下。

步骤 01 在飞行界面中点击拍摄模式按钮，进入相应的面板，❶选择“延时摄影”选项，默认进入“自由延时”模式；❷点击系统设置按钮•••，如图13-17所示。

图 13-17　点击系统设置按钮

步骤02 ❶点击“拍摄”按钮，进入“拍摄”设置界面；❷在“延时摄影”板块中选择RAW原片类型；❸开启“取景框”，如图13-18所示。

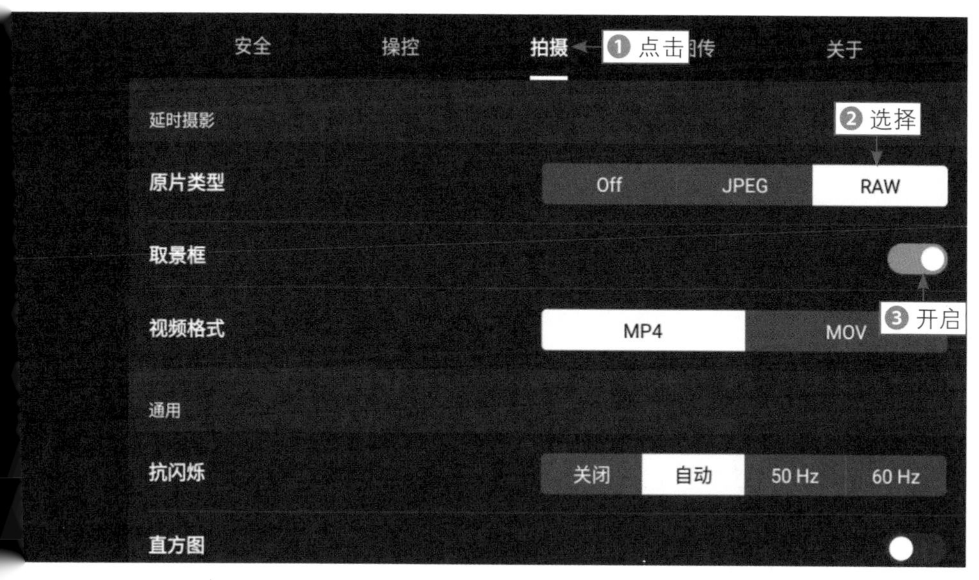

图 13-18　开启“取景框”

步骤03 还有一个保存原片的方法，在延时摄影模式下，❶点击右下角的“格式”按钮；❷在弹出的面板中选择RAW格式，如图13-19所示，即可完成保存RAW原片的设置。

图 13-19　选择 RAW 格式

★温馨提示★

RAW原片的后期处理空间很大，拍摄完成的RAW原片可以在Photoshop或者Lightroom等软件中进行批量调色与处理，这样在合成延时视频时，就能使视频画面的色彩效果更加符合需求。

2. 环绕延时拍法

在“环绕延时”模式中，无人机可以自动根据框选的目标计算环绕半径，然后露营拍摄者可以选择顺时针或者逆时针环绕拍摄。在选择环绕目标对象时，尽量选择位置上没有明显变化的物体对象。下面介绍环绕延时的具体拍法。

步骤01 在弹出的面板中，❶选择“延时摄影”选项；❷选择“环绕延时”拍摄模式，如图13-20所示。

图13-20　选择“环绕延时”拍摄模式

步骤02 ❶露营拍摄者用手指在屏幕中框选目标点（帐篷和露营者）；❷点击“逆时针”按钮，如图13-21所示，设置环绕方向为逆时针。

图13-21　点击“逆时针”按钮

步骤 03 执行操作后，点击■按钮，如图13-22所示。

图 13-22　点击相应的按钮

步骤 04 无人机会测算一段距离，测算完成后，拍摄进度会进行更新，如图3-23所示。

图 13-23　拍摄进度会更新

步骤 05 拍摄完成后，界面中弹出“正在合成视频”提示，如图13-24所示。

步骤 06 合成完成后，弹出“视频合成完毕”提示，如图13-25所示，视频即拍完成。

图 13-24　弹出“正在合成视频”提示

图 13-25　弹出“视频合成完毕”提示

步骤 07 下面来欣赏拍摄好的环绕延时视频，效果如图13-26所示。

图 13-26　环绕延时视频效果

13.6 航拍球形全景照片

所谓“全景摄影”，就是将所拍摄的多张图片拼接合成为一张全景图片。随着无人机技术的不断发展，我们可以通过无人机轻松拍摄出全景照片，在计算机中进行后期拼接也十分方便，只要把握拍摄要点，就能拍摄和制作出全景作品。

球形全景是指无人机自动拍摄26张照片，然后进行自动拼接。拍摄完成后，露营拍摄者在查看照片效果时，可以点击球形照片的任意位置，相机将自动放大到该区域的局部细节，是一张动态的全景照片。图13-27所示为使用无人机拍摄的球形全景照片效果。

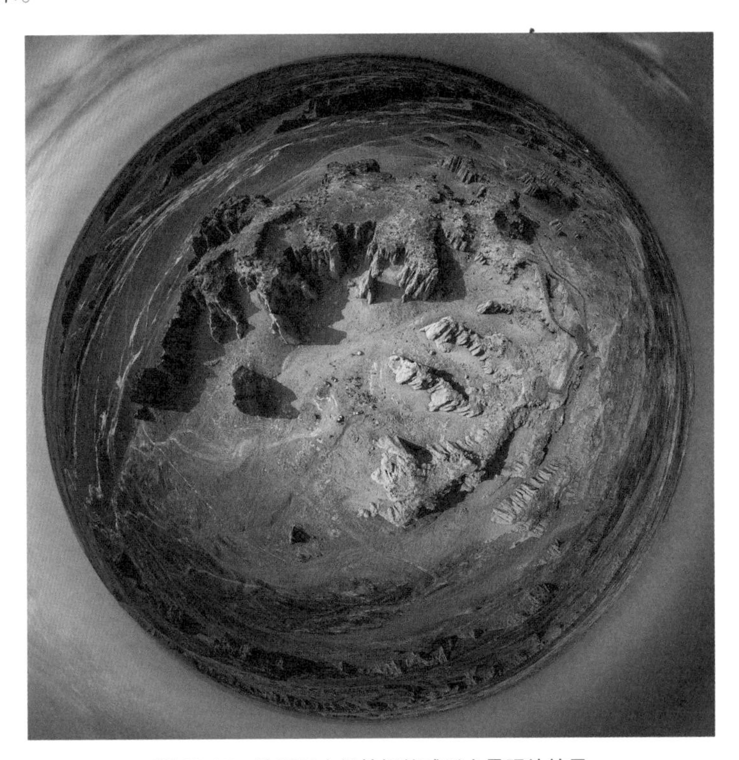

图 13-27　使用无人机拍摄的球形全景照片效果

拍摄球形全景照片的具体步骤为：在DJI Fly App的相机界面中，点击拍摄模按钮□，在弹出的面板中选择“全景”选项，再选择“球形”全景模式，最后点拍摄按钮，无人机就会自动拍摄照片并合成全景照片。

★ 温 馨 提 示 ★

除了本章介绍的 6 个航拍技巧，还有一些航拍技巧，如“螺旋”“彗星”等人机模式视频，由于页面限制，在此不再赘述。